GET THROUGH

LIFE IN THE UK TEST

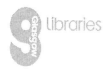

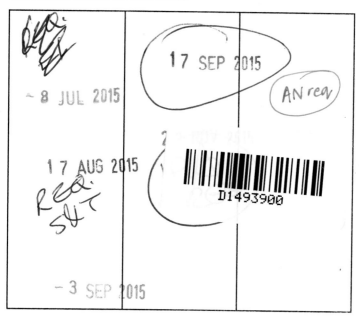

AZEEM S SHEIKH

Authors: Samira Yahya
                      Azeem S Sheikh

First Edition: October 2012

ISBN: 978-0-9574453-0-7

British Library Cataloguing in Publication Data.

A catalogue record for this bo[ ]

Gold Beans

       British Library Catalogui[ ]

Yahya, Samira.
Get through Life in the UK tes[ ]
1. Citizenship--Great Britain-[ ]
century--Examinations--Study
guides. 4. Great Britain--So[ ]
Citizenship--Great Britain--Pr[ ]
-Problems, exercises, etc. 7.
Great Britain--Social life and [ ]
I. Title II. Sheikh, Azeem.
306'.0941'09051-dc23

ISBN-13: 9780957445307

Published & Distributed in the UK, by: Gold Beans
                                              Gold Beans Publishing Ltd
                                              5, Jupiter House
                                              Calleva Park, Aldermaston
                                              Reading
                                              RG7 8NN

'Gold Beans' is a trading name for Gold Beans Publishing Ltd.

Place Orders @:
Contact No. :   (+44) 07956 829 786
Email for Orders: GoldBeans@hotmail.co.uk
                       GoldBeansPublishing@gmail.com

Printed in the United Kingdom
(2)

Chapters 1, 2, 3, 4, 5 & 6
From: 'Life in the UK; A Journey to Citizenship; 2nd Edition'
Used under Open Government Licence (OGL)

http://www.nationalarchives.gov.uk/doc/open-government-licence/open-government-licence.htm

Introduction

'Get Through Life in the UK Test - A Journey to citizenship, with Urdu translation' has been written keeping in mind those whose first language is Urdu and have limited understanding of English. The purpose of translation of subject matter to Urdu is to help them in clear understanding and memorization of facts in their own language to be able to answer the questions correctly. The book is meant to be equally useful to those fluent in English by virtue of important points' wise summaries for the test chapters.

It is a study guide for people appearing in the Life in the UK Test, prior to applying for British Citizenship. The book contains important points chapter by chapter, from first six chapters of official home office book (mentioned below). These points cover almost all of the substance of the book on which the test questions are based. The points are both in English and Urdu, and there are almost 300 exam-style questions in English in form of six practice test and four mock tests, to help you in self-assessing yourself before you take the actual test. The last chapter contains 'Handy points' from all the chapters and would help in refreshing your memory on the day of the test and will increase your chance of getting through.

We strongly recommend to all prospective candidates to read the official home office book 'Life in the United Kingdom -A Journey to Citizenship' 2nd Edition, [Or if a later edition is released prior to your test].

It is worth noticing that our book contains points and questions from chapter 1 of the official book as well. At present, the test comes from Chapters 2-6 and Chapter 1 is not included in the Life in the UK test. We have included it in our book because of likelihood of its future inclusion in the test. Depending on when you plan to appear in your test, it will be useful to find out the chapters to be included in your test, before you start preparation.

Disclaimer:

To help those who struggle to understand English, we have, under the title of 'Useful Information', provided an Urdu translation of content from the relevant websites, particularly of aspects surrounding preparation of the test and what to expect in the test centre. Whilst the authors have endeavoured to provide facilitation in understanding content by means of providing Urdu translation by rigorously going through the contents of relevant official Life in the UK test websites, still we do not provide any guarantees of the factual accuracy or completeness of substance. This translation is meant to be a rough guide only; the content of those websites may keep changing and updating, and authors cannot guarantee their relevance at any point in time. It is your own responsibility to ensure that you have up to date knowledge of relevant issues from the official websites.

We do not accept any liability for any loss, damage, expense, costs or liability whatsoever incurred by you by use of our book.

اہم معلومات

ٹیسٹ کی تیاری کرتے ہوئے آپ دیکھیں گے کہ آفیشل کتاب کے کچھ اعدادوشمار تازہ ترین نہیں ہیں کیونکہ آفیشل کتاب سنہ 2007 میں لکھی گیئ تھی- مگر یاد رکھیں کہ ہوم آفس نے یہ بات نہایت واضح کر دی ہے کہ آپ نئی اطلاعات حاصل کرنے کی کوشش نہ کریں کیونکہ آپ کا ٹیسٹ انہی معلومات سے ہوگا جو موجودہ آفیشل بک میں ہیں – نیز یہ کہ ایسی کوئی اپیل منظور نہیں کی جائے گی جو ہینڈ بک میں موجود معلومات کو چیلنج کرتی ہو – ٹیسٹ کے امیدوار صرف ہوم آفس کے مواد سے ہی استفادہ حاصل کریں اور ٹیسٹ کیلئے تازہ ترین معلومات اور نئے قوانین کے بارے میں جاننے کی کوشش نہ کریں –

اس ضرورت کو پورا کرنے کیلئے ہم نے اپنی کتاب میں بھی صرف آفیشل بک سے رجوع کیا ہے تاکہ آپ کو صرف وہی معلومات دیں جو ٹیسٹ کے سلیبس میں شامل ہیں اور اور کتاب سے باہر کے اعدادوشمار سے آپ کو کنفیوز نہ کریں-

مثال: مزید سمجھنے کیلیئے ہم آپ کو مثال دیتے ہیں کہ اگر آپ کو سوال آتا ہے کہ انگلینڈ میں کتنی عمر سے چھوٹے بچوں کو تمباکو بیچنا منع ہے، تو اگرچہ موجودہ قانون کے مطابق جواب اٹھارہ سال ہوگا مگر چونکہ کتاب اس قانون سے پہلے تشکیل دی گیئ تھی، آپ کتاب کا جواب ہی چنیں گے جوکہ سولہ سال ہے-

پس، چونکہ ٹیسٹ صرف آفیشل مواد پر ہی مبنی ہو گا اس لئے سوالات کے جوابات جاننے کے لئے نئی اطلاعات کا جمع کرنا دانشمندانہ نہیں، چاہے وہ زیادہ درست ہی کیوں نہ ہوں -

We dedicate this book to our beloved parents

تمہید

'لائف ان دا یو کے' ٹیسٹ برطانیہ کی نیشنیلٹی حاصل کرنے کی طرف ایک اہم قدم کی حیثیت رکھتا ہے- جب ہم یہ ٹیسٹ لے رہے تھے تو ہم نے مشاہدہ کیا کے ایسے بہت سے امیدوار جن کی پہلی زبان انگریزی نہیں اس ٹیسٹ میں جدوجہد کر رہے تھے - یہ کتاب ان سب کے لئے ہے جن کی پہلی زبان اردو ہے اور جن کو انگریزی پڑھنے یا سمجھنے میں دقّت محسوس ہوتی ہے –

اس کتاب میں ایسے تمام اہم نکات جن پر سوالات آ سکتے ہیں ، بلٹ پوائنٹس کی صورت میں ایک طرف انگریزی میں اور اس کے سامنے اردو میں شامل کیے گئے ہیں - آپ چاہیں تو پہلے انگریزی میں وہ اہم نقطے پڑھ لیں اور پھر ایسا کوئی نقطہ جو اچھی طرح سمجھ نہ آ رہا ہو ، اردو میں دیکھ سکتے ہیں-

اس کتاب میں'لائف ان دا یو کے' کا پہلا چیپٹر جو کہ برٹش ہسٹری پر مشتمل ہے ، بھی شامل کیا گیا ہے - حکومت کے اعلامیے کے مطابق یہ چیپٹر عنقریب ٹیسٹ کا حصہ بنے گا تا کہ دوسرے ممالک سے آے ہوئے برطانیہ کی تاریخ کے بارے میں جان سکیں –

ہر چیپٹر کر آخر میں پریکٹس ٹیسٹ شامل کیا گیا ہے جو کے آپ کو اس چیپٹر سے متعلق ممکنہ سوالات کی تیاری میں مددگار ثابت ہو گا –

کتاب کے آخر میں چار موک ٹیسٹ شامل کیے گئے ہیں جن کا مقصد آپ کی اپنی معلومات کا خود تعین کرنا ہے کہ آپ جان سکیں کہ ٹیسٹ پاس کرنے کہ لئے آپ کومزید کتنی محنت درکار ہے –

کتاب کے آخری چند صفحات 'ہینڈی پوائنٹس ' پر مشتمل ہیں جو آپ کو اہم نکات کی جلد از جلد نظر ثانی کرنے میں مدد دیں گیں ۔ یہ اہم نکات آپ ٹیسٹ دینے سے پہلے ایک نظر دیکھ سکھتے ہیں جو ٹیسٹ میں انتہائی مفید ثابت ہوں گے۔

ہم آپ کے فیڈ بیک اور رائے کے منتظر رہیں گے تا کہ آئندہ اس کتاب کو مزید بہتر بنایا جا سکے ۔

سمیرہ یحییٰ
عظیم ایس شیخ

Contents

USEFUL

INFORMATION

ٹیسٹ کی تیّاری شروع کرنے سے پہلے کی اہم معلومات

اگر آپ یہ کتاب پڑھ رہے ہیں تو غالباً آپ 'برٹش نیشنلٹی' یا ' انڈیفنٹ لیو ٹو ریمین ان دا یو کے' (Indefinite Leave to Remain in the UK) کے لئے 'لائف ان دا یو کے ٹیسٹ' کی تیاری کر رہے ہیں۔

اس کتاب کو لکھنے کا مقصد ٹیسٹ کی تیاری کو آپ کے لئے آسان بنانا ہے- یہ کتاب آپ 'لائف ان دا یو کے ٹیسٹ' کی آفیشل کتاب (جس کا نام نیچے دیا جائے گا) کے ساتھ پڑھیں تو ہمیں بھروسہ ہے کہ انشا اللہ تعالہ آپ بہت جلد خود کو امتحان کے لئے تیار پائیں گے-

یاد رکھیے کہ:

ٹیسٹ کے بارے میں مکمل معلومات یوکے بارڈر ایجنسی کی ویب سائٹ پر موجود ہیں اور گوکہ آپ کی آسانی کیلیئے ہم نے ان میں سے بہت سی معلومات کا یہاں اردو میں ترجمہ کر دیا ہے پھر بھی ٹیسٹ کا ارادہ رکھنے والے ہر امیدوار کے لئے ضروری ہے کہ ان کی ویب سائٹ, جو کہ نیچے دی گئی ہے, سے رہنمائی لے تاکہ کوئی اہم نکتہ نظرانداز نہ ہو جائے اور وقت بہ وقت جو تبدیلیاں آیئں ان سے آشنا رہیں:

http://lifeintheuktest.ukba.homeoffice.gov.uk

"میں یہ ٹیسٹ دوں یا نہ دوں ؟ "

اگر آپ معلوم کرنا چاہتے ہوں کہ آپ کے ویزے کے لئے اس ٹیسٹ کی ضرورت ہے یا نہیں تو امیگریشن انکوائری سے اس نمبر 0870 606 7766 پر رابطہ کر کے وضاحت حاصل کریں-

یہ ٹیسٹ عام طور پر انگریزی میں لیا جاتا ہے، مگر اگر آپ یہ ٹیسٹ سکاٹ لینڈ میں لیں تو آپ اس کو سکاٹش گیلک میں دے سکتے ہیں- اسی طرح اگر آپ یہ ٹیسٹ ویلز میں دیں تو آپ اس کو ویلش زبان میں بھی دے سکتے ہیں-

اگرآپ سمجھتے ہیں کہ آپ کی انگریزی زیادہ کمزور ہے تو غالباً آپ کے لئے ایسول کورس (ESOL Course) اور سٹیزن شپ کلاسیں لینا بہتر ہو گا -

اگر آپ چاہیں تو اپنے نزدیکی ' لرن ڈائرکٹ سینٹر' سے رابطہ کریں جو آپ کا ایک چھوٹا سا ٹیسٹ لے کرآپ کو بتا سکتے ہیں کہ آیا آپ کے لئے 'لائف ان دا یو کے ٹیسٹ' بہتر ہے یا ایسول کورس -

مزید معلومات کے لئے 245 154 08000 پر لائف ان دا یو کے ہیلپ لائن سے رابطہ کیا جا سکتا ہے -

ٹیسٹ بک کرنے سے پہلے کی کچھ ضروری معلومات:

یکم جون 2011 سے ٹیسٹ کی فیس 50 پاؤنڈ کر دی گئی ہے-

ٹیسٹ بک کرنے کے لئیے آپ کا ذاتی Email Address ہونا ضروری ہے- اگر آپ کے پاس یہ نہ ہو اور آپ کا کوئی بھائی، بہن، گھر کا کوئی فرد، رشتہ دار یا دوست آپ کو نہ سکھا سکتا ہو تواس لنک سے مدد مل سکتی ہے:

http://learn.go-on.co.uk/get-started/email

نیز آپ کے لئے 'لائف ان دا یو کے' کی ویب سائٹ پر اپنا ایک 'لائف ان دا یو کے' کا اکاؤنٹ کھولنا ضروری ہے- اس کے بغیر آپ ٹیسٹ بک نہیں کر سکتے-

پورے یو کے میں تقریباً 60 ٹیسٹ سینٹر ہیں جہاں آپ ٹیسٹ دے سکتے ہیں- جب آپ ٹیسٹ کے لئے درخواست دیں تو آپ کی آسانی کے لئے آپ کو آپ کے نزدیک ترین سینٹر کا پتہ بھی دیا جائے گا-

ٹیسٹ بک کرتے وقت آپ سے پوچھا جائے گا کہ آپ اپنی شناخت کے لئے کیا ثبوت ساتھ لے کرآ یئں گے- جن کاغذات کو شناخت کے لئے ٹیسٹ سینٹر میں قبول کیا جاتا ہے ان کی لسٹ آپ کو دی جائے گی- آپ وہی کاغذات چنئے جو آپ کو میّسر ہیں- ٹیسٹ سینٹر والے صرف وہی کاغذات قبول کریں گے جو آپ ٹیسٹ بک کرتے ہوئے درج کریں گے-

http://lifeintheuktest.ukba.homeoffice.gov.uk/htmlsite/booking_10.html

اگر آپ کو کوئی معذوری ہو تو ٹیسٹ بک کرتے وقت ٹیسٹ سینٹر کو آگاہ کریں تاکہ وہ وقت پر مناسب انتظامات کر سکیں اور آپ کو ٹیسٹ دینے میں دشواری کا سامنا نہ کرنا پڑے-

ٹیسٹ بک کرتے ہوئے آپ یہ بھی معلوم کر سکتے ہیں کہ ٹیسٹ سینٹر میں کون کون سی سہولیات میسّر ہیں اور سینٹر کے افراد کس کس زبان کو سمجھتے ہیں- یہ معلومات سینٹر چننے میں آپ کی مدد کرسکتی ہیں- اگر آپ پہلے سے جاننا

چاہیں کہ کس سینٹر میں کیا سہولیات ہیں تو آپ اس لنک پر بھی چیک کر سکتے ہیں. اس میں آپ کو کچھ سینٹر ملیں گے جہاں اردو بولنے والا عملہ بھی ہے، مگر ایسے سینٹر زیادہ نہیں ہیں۔

http://lifeintheuktest.ukba.homeoffice.gov.uk/pdf/centredetails.pdf

اگر آپ اپنے ٹیسٹ سینٹر کے قریب کار پارک کرنے کی جگہ معلوم کرنا چاہیں یا سینٹر پہنچنے کا کوئی اور طریقہ جیسا کہ بس یا ٹرین یا ٹیوب تو آپ سینٹر کو فون کر سکتے ہیں یا یہ معلومات اس لنک سے حاصل کر سکتے ہیں :

http://lifeintheuktest.ukba.homeoffice.gov.uk/pdf/centredetails.pdf

آپ کو یہ معلومات آپ کے سینٹر کے نام کے سامنے آخری کالم میں 'جنرل نوٹس' میں ملیں گی۔

ٹیسٹ کی تیاری کے لیے کیا پڑھیں ؟

یاد رکھیے کہ ہماری کتاب آپ کی سہولت کے لیے آپ کی اپنی زبان میں بیان کی گئی وضاحتوں کے ساتھ صرف ایک Revision Help Book ہے اور یہ ہوم آفس کی تجویز کردہ کتاب نہیں ہے۔ اس کا متن ہم نے ہوم آفس کی ویب سائٹ تفصیل سے مطالعہ کر کے تشکیل دیا ہے اور اس کے لکھنے میں ہمارا ٹیسٹ کا ذاتی تجربہ شامل ہے۔ اور گو کہ اس کتاب کو لکھنے میں ہر طرح کی احتیاط برتی گئی ہے مگر کسی غلطی کی صورت میں مصنف اور پبلشر واسطہ یا بلاواسطہ نقصان کی ذمہ داری قبول نہیں کریں گے۔

یاد رہے کہ ہوم آفس کوئی Study Guide تجویز نہیں کرتا-

ہوم آفس ٹیسٹ کی تیاری کے لیے کیا تجویز کرتی ہے؟

ٹیسٹ کی تیاری کے لئے یو کے بارڈر ایجنسی کی تجویز کردہ کتاب

Life in the United Kingdom – A Journey to Citizenship – Handbook

Second Edition

پڑھنا نہایت ضروری ہے-

یہ کتاب اورٹیسٹ پریکٹس کرنے کی آ فیشل کتابیں www.tsoshop.co.uk کی ویب سایٹ سے خریدی جا سکتی ہیں-

اگر آپ ٹیسٹ کی پریکٹس کرنا چاہیں تو 'لائف ان دا یو کے' کی ویب سائٹ پر اس کی سہولت بھی موجود ہے- مندرجہ ذیل لینکس پر کلک کریں :

http://lifeintheuktest.ukba.homeoffice.gov.uk/htmlsite/nav_10.html

http://lifeintheuktest.ukba.homeoffice.gov.uk/htmlsite/self_10.html

اگر آپکو کمپیوٹر کا استعمال نہیں آتا تو ویب سائٹ پر اس کی بھی مدد موجود ہے:

http://lifeintheuktest.ukba.homeoffice.gov.uk/htmlsite/booking_10.html

http://www.ukonlinecentres.com

http://lifeintheuktest.ukba.homeoffice.gov.uk/htmlsite/prepare_10.html

کمپیوٹر کے استعمال اور ٹیسٹ کی تیاری کے لئے آپ قریبی لائیبریری کا استعمال بھی کر سکتے ہیں، بشرطیکہ وہاں یہ سہولیات میّسر ہوں۔

ٹیسٹ سینٹر میں کیا ہوگا؟

'لائف ان دا یو کے ٹیسٹ' کی ویب سائٹ کے مطابق ٹیسٹ کے وقت سے کم از کم پندرہ منٹ پہلے آپ سینٹر پہنچیں۔ نیز اگر آپ دیر سے پہنچیں اور ٹیسٹ میں 5 منٹ سے کم رہ گئے ہوں تو آپ کو ٹیسٹ میں بیٹھنے کی اجازت نہیں دی جائے گی اور نہ ہی فیس واپس کی جائے گی۔

ٹیسٹ سینٹر کا عملہ آپ کے کاغذات کی جانچ پڑتال کرے گا۔ آپ کو ٹیسٹ بک کرتے ہوئے جن کاغذات لانے کی ہدایت کی گئی ہو وہ ساتھ لے کر جائیں۔ یہ آپ کا ہوم آفس ریفرنس نمبر اور وہ کاغذات ہیں جوآپ نے اپنی شناخت اور ایڈریس کے لئے ٹیسٹ رجسٹر کرواتے وقت چنے تھے۔ اگر آپ یہ کاغذات مہیا نہ کر سکے تو آپ کو ٹیسٹ میں بیٹھنے کی اجازت نہیں دی جائے گی اور ٹیسٹ کی فیس بھی واپس نہیں ہو گی۔

اگر آپ نے ٹیسٹ بک کرتے وقت کسی معزوری یا بیماری کی وجہ سے خاص انتظامات کی درخواست کی ہو تو اس کا کوئی ثبوت یا کوئی سرٹیفکیٹ بھی آپ کے باقی کاغذات کے ساتھ دیکھا جائے گا تا کہ آپ کی ضرورت کے مطابق سینٹر کا عملہ آپ کی مدد کر سکے- کاغذات دیکھنے کے کچھ دیر بعد سینٹر کا عملہ آپ کو پریکٹس ٹیسٹ کا موقع دیگا اور پھر کچھ دیر بعد ٹیسٹ شروع ہوگا-

ٹیسٹ میں کیا ہوگا؟

ٹیسٹ میں 24 سوال ہونگے جن کو کرنے کے لئے 45 منٹ دیے جایئں گے- ٹیسٹ کے 45 منٹ 24 سوال کرنے کے لئے کافی ہیں اور مناسب تیاری کی صورت میں جلد بازی کی ضرورت نہیں پڑے گی-

سوالوں کا تعلق برطانیہ میں زندگی کے مختلف پہلوؤں سے ہو گا اور تمام سوالات

Life in the United Kingdom – A Journey to Citizenship – Handbook

Second Edition

میں سے ہی آئیں گے-

یاد رکھیے کہ ٹیسٹ کے دوران آپ کو کوئی کتاب یا کسی قسم کے تیاری کے نوٹس سے رجوع کرنے کی اجازت نہیں ہے اور اسے نقل قرار دیا جائے گا اور ٹیسٹ روک دیا جائے گا-

ٹیسٹ کے بعد کیا ہوگا؟

ٹیسٹ کے بعد عام طور پر آپ سے باقی ٹیسٹ کے امیدواروں کے ساتھ انتظار کرنے کو کہا جائے گا جبکہ سینٹر کا عملہ آپ کے ٹیسٹ کا رزلٹ تیار کرے گا اور پھر فرداً فرداً سب امیدواروں کو رزلٹ دیا جائے گا- یہ سارا عمل، سینٹر میں آنے سے رزلٹ حاصل کرنے تک، تقریباً 2 گھنٹے لیتا ہے- ٹیسٹ کی پلاننگ کرتے ہوئے اتنے وقت کی گنجائش رکھیے-

ٹیسٹ سے متعلق مختلف مسائل:

اگے آپ کو ٹیسٹ سے متعلق مختلف مسائل درپیش ہوں تو آپ کی رہنمائی کے لئے مختلف سوالات کے جوابات ان ویب لینکس پر مل جایئں گے-

http://lifeintheuktest.ukba.homeoffice.gov.uk/htmlsite/help_10.html

http://lifeintheuktest.ukba.homeoffice.gov.uk/htmlsite/help_60.html#q9

اگر آپ کے جوابات یہاں موجود نہ ہوں تو فون نمبر 08000 154 245 پر لائف ان دا یو کے ہیلپ لائن سے مدد حاصل کی جا سکتی ہے-

سیکشن اے: ٹیسٹ کی رجسٹریشن

لائف ان دا یو کے ٹیسٹ کی رجسٹریشن کے لئے مجھے کن چیزوں کی ضرورت ہے؟

لائف ان دا یو کے ٹیسٹ کی رجسٹریشن کے لئے آپ کو مندرجہ ذیل کی ضرورت پڑے گی :

- اپنا اصل پاسپورٹ، چاہے اس کی تاریخ میعاد گزر چکی ہو۔
- اپنا یو کے ڈرائیونگ لائیسنس، پکاّ یا عارضی، مگر تاریخ میعاد نہ گزری ہو۔
- ہوم آفس آئی ڈی کارڈ۔
- ہ وم آفس کے دستاویزات جیسا کہ SPD, CID, CTD، یا پھر امیگریشن سٹیٹس ڈاکومنٹ جس پر ورک پرمٹ اور آپ کی فوٹو موجود ہو۔
- پوسٹ کوڈ کے ثبوت کے لیئے بینک سٹیٹمنٹ یا گھر کا کوئی بجلی، گیس یا کونسل کا بل جس پر پوسٹ کوڈ موجود ہو۔ اگر آپ کو اپنا پوسٹ کوڈ معلوم نہ ہو تو رایل میل سے رابطہ کریں جو آپ کا پوسٹ کوڈ آپ کو بتا سکتے ہیں۔
- ٹیسٹ کی فیس 50 پاؤنڈ ہے۔ فیس جمع کروانے کے لئے آپ کو کریڈٹ کارڈ، ڈیبٹ کارڈ یا پری پیڈ کارڈ کی ضرورت پڑے گی۔
- آ پ کا ذاتی ایمیل ایڈرس، اگر آپ کے پاس اپنا ایمیل ایڈرس نہ ہو تو اس ویب سائٹ سے بنا سکتے ہیں

http://www.go-on.co.uk/

رجسٹر کرتے ہوئے آپ سے ایمیل کی تصدیق کرنے کو کہا جائے گا- نیز ٹیسٹ کی تفصیلات آپ کو اسی ایمیل ایڈرس پر بھیجی جائیں گی-

مجھے کمپیوٹر استعمال کرنا نہیں آتا، مجھے کیا کرنا چاہیے؟

آپ کو کمپیوٹر کا بنیادی استعمال ، جس میں کہ کی بورڈ اور ماؤس کا استعمال شامل ہے، ضروری آنا چاہیے- نیز آپ کو اپنا ٹیسٹ کمپیوٹر پر بک کرنا آنا چاہیے- اگر آپ انگلینڈ میں رہتے ہوں اور آپ کو کمپیوٹر سیکھنے میں مدد کی ضرورت ہو تو آپ اپنے نزدیکی یو کے آن لائن سینٹر جا سکتے ہیں- آپ کو اپنے نزدیکی یو کے آن لائن سینٹر کا اس لنک سے پتہ چل سکتا ہے-

http://www.ukonlinecentres.com

اگر آپ سکاٹ لینڈ، ویلز یا ناردرن آئر لینڈ میں رہتے ہوں تو زیادہ تر لائبریریوں میں مفت یا سستے داموں پر کمپیوٹر اور انٹرنیٹ کی سہولت میسّر ہوتی ہے- مزید مدد آپ لائف ان دا یو کے ویب سائٹ کے 'Prepare the Test' سیکشن سے حاصل کر سکتے ہیں-

میرے پاس کمپیوٹر نہیں ہے، مجھے کیا کرنا چاہیے؟

جیسا کہ اوپر بتایا گیا ہے اگر آپ انگلینڈ میں رہتے ہوں اور آپ اپنے نزدیکی یو کے آن لائن سینٹر جا سکتے ہیں- آپ کو اپنے نزدیکی یو کے آن لائن سینٹر کا اس لنک سے پتہ چل سکتا ہے

http://www.ukonlinecentres.com

اگر آپ سکاٹ لینڈ یا ویلز میں یا ناردرن آئرلینڈ میں رہتے ہوں تو زیادہ تر لایبریریوں میں مفت یا سستے داموں پر کمپیوٹر اور انٹرنیٹ کی سہولت میسّر ہوتی ہے، جس سے آپ فائدہ اٹھا سکتے ہیں-

میرے پاس کریڈٹ یا ڈیبٹ کارڈ نہیں ہے، میں ٹیسٹ کی فیس جمع کروانے کے لیئے کیا طریقہ استعمال کروں؟

اگر آپ کے پاس کریڈٹ یا ڈیبٹ کارڈ نہیں ہے ، تو آپ پری پیڈ کریڈٹ کارڈ استعمال کر سکتے ہیں- پری پیڈ کریڈٹ کارڈ استعمال کرنے سے پہلے اس میں پیسے ڈلوانے پڑتے ہیں- مزید معلومات

http://www.uswitch.com

سے حاصل کی جا سکتی ہیں-

میرے پاس کریڈٹ یا ڈیبٹ کارڈ نہیں ہے، کیا کوئی اور میری فیس جمع کروا سکتا ہے؟

اگر آپ کے پاس کریڈٹ یا ڈیبٹ کارڈ نہیں ہے تو کوئی اور آپ کی فیس جمع کروا سکتا ہے، بشرطیکہ وہ راضی ہو- اس صورت میں ٹیسٹ بک کرتے وقت آپ اپنی تفصیلات مہییا کریں اور فیس جمع کرواتے وقت جب کارڈ کی تفصیل مانگی جائے تو جس شخص کا کارڈ ہو اس کی تفصیل مہییا کریں-

میں فیس جمع کروانے کے لئےکون کون سے کریڈٹ کارڈ استعمال کر سکتا ہوں؟

فیس جمع کروانے کے لئے مندرجہ ذیل کریڈٹ کارڈ قابل قبول ہوتے ہیں :

- میسٹرو (Maestro)

- امریکن ایکسپرس (American Express)

- ماسٹرکارڈ (Master Card)

- ویزا (Visa)

اگر میں اپنے لائف ان دا یو کے اکاونٹ کا پاسورڈ بھول جاؤں تو؟

اگر آپ اپنے لائف ان دا یو کے اکاؤنٹ کا پاسورڈ بھول جایئں تو لائف ان دا یو کے ویب سائٹ پر ٹیسٹ کے پیج پر

Register for your Forgotten Password

کو کلک کریں اور ہدایات پر عمل کر کے نیا پاسورڈ حاصل کریں۔

ہوم آفس نے مجھے اجازت دی ہے کہ شناخت کے بغیر ٹیسٹ دے سکوں۔ مجھے کیا کرنا چاہیے؟

اگر ہوم آفس نے آپ کو کسی قابل قبول شناخت کے بغیر ٹیسٹ دینے کی اجازت دی ہے تو وہ آپ کو ٹیسٹ بک کرنے اور اس کی فیس جمع کروانے کا طریقہ بتا دیں گے۔

سیکشن بی : ٹیسٹ بک کرنا اور فیس جمع کروانا

جب میں نے ٹیسٹ بک کرنے کی کوشش کی تو سسٹم میں خرابی آ گئی :

کبھی کبھار ٹیسٹ بک کرتے ہوئے سسٹم میں فنی خرابی آ جاتی ہے- برائے مہر بانی ایسی صورت میں اپنی تفصیلات دوبارہ داخل کریں.

میں ایک مختلف ٹیسٹ سینٹر میں ٹیسٹ دینا چاہتا ہوں جہاں پہنچنا میرے لیئے آسان ہے :

ٹیسٹ بک کرتے ہوئے آپ جو پوسٹ کوڈ مہییا کریں گے اس کے مطابق آپ کو صرف آپ کے نزدیک ترین پانچ سینٹر میں سے کوئی ایک چننے کا اختیار دیا جائے گا- [ان میں سے جہاں پہنچنا آپ کو آسان لگے آپ وہ منتخب کر سکتے ہیں]- یاد رکھیے کہ درست پوسٹ کوڈ مہییا کرنا بہت ضروری ہے کیونکہ اس کا ثبوت ٹیسٹ سے پہلے کاغذات کی چیکنگ کے دوران چیک کیا جائے گا-

میں اپنے لائف ان دا یو کے کے اکاؤنٹ پر اپنی تفصیلات کیسے تبدیل کروں؟

آپ اپنے لائف ان دا یو کے کے اکاؤنٹ پر اپنی تفصیلات ٹیسٹ سے سات دن پہلے تک کسی بھی وقت تبدیل کر سکتے ہیں- اس کے لئے :

پہلے تسّلی کر لیں کہ ٹیسٹ میں کم از کم سات دن بقایا ہیں- پھر لائف ان دا یو کے کے اکاؤنٹ میں لاگ ان [Log in] کریں- ویب پیج کے اوپر نیلے رنگ کی بار پر 'My Details' پر کلک کریں- جو تفصیلات آپ کو بدلنا مقصود ہوں وہ بدل کر پیج کے نیچے 'Update My Details' کو کلک کریں تاکہ نئی تفصیلات محفوظ ہو جایئں-

یاد رکھیے کہ اگر ٹیسٹ میں سات دن سے کم عرصۂ رہ گیا ہو تو آپ اپنی تفصیلات تبدیل نہیں کر سکتے-

میں اپنے لیئے ایک سے زیادہ ٹیسٹ کس طرح بک کر سکتا ہوں؟

جب آپ اپنا پہلا ٹیسٹ بک کر چکیں اور اس کی فیس ادا کر چکیں تو دوبارہ بائیں طرف کے مینو [Menu] سے 'Book a Test' پر کلک کریں- پھر جتنے بھی ٹیسٹ آپ بک کرنا چاہیں باری باری بک کریں- یاد رکھیں کہ ہر ٹیسٹ آپ کو علیحدہ سے بک کرنا پڑے گا اور اس کے لئے علیحدہ سے فیس جمع کروانی پڑے گی- آپ ایک ہی وقت کے لئے دو ٹیسٹ بک نہیں کر سکتے- نیز یہ کہ کسی ٹیسٹ کی فیس صرف اس صورت میں واپس ہو گی اگر اس میں کم از کم سات دن کا وقفہ موجود ہو- [یہ بات اس صورت میں اہم ہوگی اگر آپ نے وقت بچانے کی خاطر تین چار ٹیسٹ اکٹھے بک کر لئے اور پھر پہلا یا دوسرا پاس کر لیا تو بقیہ ٹیسٹ کی فیس تب ہی واپس ہو گی اگر اس میں کم از کم سات دن باقی ہونگے]-

میں نے غلطی سے وہ ایمیل [Email] مٹا دی ہے جس میں ٹیسٹ کی کنفرمیشن آئی تھی:

ایمیل غلطی سے مٹا دینے سے کوئی نقصان نہیں کیونکہ ٹیسٹ کی بکنگ کی تمام تفصیلات آپ کو اپنے لائف ان دا یو کے کے اکاؤنٹ سے مل جائیں گی۔ اکاؤنٹ میں لاگ ان ہو کر بائیں طرف کے مینو سے 'My Test' پر کلک کریں۔ تمام تفصیلات وہاں مل جائیں گی۔

سیکشن سی : ٹیسٹ کے دن سے پہلے

اگر ٹیسٹ بک کرنے کے بعد میں اپنے ٹیسٹ کی تاریخ یا وقت تبدیل کرنا چاہوں تو مجھے کیا کرنا چاہیے؟

آپ کو اپنا ٹیسٹ کینسل کرنا پڑے گا اور اپنی پسند کی تاریخ اور وقت کے لئے دوبارہ سے ایک ٹیسٹ بک کرنا پڑے گا۔ آپ اپنا ٹیسٹ ، ٹیسٹ کی تاریخ سے سات دن پہلے تک کسی بھی وقت جرمانے کے بغیر کینسل کر سکتے ہیں۔ اگر سات دن سے کم رہ گئے ہوں اور آپ ٹیسٹ کینسل کرنا چاہیں تو آپ کی پہلے ٹیسٹ کی فیس ضبط ہو جائے گی اور آپ کو دوسرا ٹیسٹ بک کرنے کے لئے دوبارہ فیس ادا کرنی پڑے گی۔ نیز یہ کہ اگر آپ ٹیسٹ کے لئے دیر سے سینٹر پہنچیں یا ٹیسٹ کے لئے نہ جائیں تو بھی آپ کی فیس ضبط ہو جائے گی۔

میں اپنا ٹیسٹ کس طرح کینسل کروں؟

ٹیسٹ کینسل کرنے کے لئے آپ اپنے لائف ان دا یو کے کے اکاؤنٹ میں لاگ ان کریں اور بائیں جانب کے مینو پر'My Test' کو کلک کریں- اور پھر

'Cancel Test' کو کلک کریں- آپ کو ٹیسٹ کے کینسل ہونے کی ایمیل مل جائے گی- اگر ٹیسٹ میں سات دن سے زیادہ کا وقفہ ہوگا تو آپ کو فیس بھی آپ کے کارڈ کے اکاؤنٹ میں واپس کر دی جائے گی- اگر سات دن سے کم کا وقفہ ہوگا تو فیس واپس نہیں کی جائے گی-

ٹیسٹ بک کرنے اور ٹیسٹ کی تاریخ کے دوران میرا نام بدل گیا ہے- مجھے کیا کرنا چاہیے؟

اگر ٹیسٹ میں سات دن سے زیادہ کا وقفہ ہے تو آپ اپنی تفصیلات تبدیل کر سکتے ہیں- اس کے لئے اپنے لائف ان دا یو کے کے اکاؤنٹ میں لاگ ان ہو کر بائیں جانب کے مینو پر 'My Details' کو کلک کریں اور اپنی تفصیلات تبدیل کر لیں- اس کے بعد پیج کے آخر میں 'Update My Details' کو کلک کریں تاکہ آپ کی تبدیلیاں محفوظ ہو جائیں-

اگر ٹیسٹ میں سات دن سے کم کا وقفہ ہے تو آپ اپنی تفصیلات تبدیل نہیں کر سکتے- اس صورت میں آپ کا

UK Deed Poll Certificate یا UK Marriage Certificate

جس پر آپ کا نیا نام موجود ہو ٹیسٹ والے دن اپنے ساتھ لے کر ٹیسٹ سینٹر جائیں- اگر آپ یہ ساتھ نہ لے کر جائیں اور سینٹر کی کمپیوٹرسکرین پر آپ کا نام

فرق ہو اور آپ کے ہمراہ شناختی دستاویز پر کچھ اور ہو تو آپ کو ٹیسٹ دینے کی اجازت نہیں دی جائے گی اور نہ ہی فیس واپس کی جائے گی۔

ٹیسٹ بک کرنے اور ٹیسٹ کی تاریخ کے دوران میرا ایڈرس اور پوسٹ کوڈ بدل گیا ہے۔ مجھے کیا کرنا چاہیے؟

اگر ٹیسٹ میں سات دن سے زیادہ کا وقفہ ہے تو آپ اپنی تفصیلات تبدیل کر سکتے ہیں۔ اس کے لئے اپنے لائف ان دا یو کے کے اکاؤنٹ میں لاگ ان ہو کر بائیں جانب کے مینو پر 'My Details' کو کلک کریں اور اپنی ایڈرس اور پوسٹ کوڈ کی تفصیلات تبدیل کر لیں۔ اس کے بعد پیج کے آخر میں

'Update My Details' کو کلک کریں تاکہ آپ کی تبدیلیاں محفوظ ہو جائیں۔

اگر ٹیسٹ میں سات دن سے کم کا وقفہ ہے تو آپ اپنی تفصیلات تبدیل نہیں کر سکتے۔

میں ٹیسٹ کے لیئے اپنا آئی ڈی یا شناختی دستاویز تبدیل کرنا چاہتا ہوں. مجھے کیا کرنا چاہیے؟

اگر ٹیسٹ میں سات دن سے زیادہ کا وقفہ ہے تو آپ اپنا تجویز کردہ آئی ڈی ڈاکومنٹ تبدیل کر سکتے ہیں۔ اس کے لئے اپنے لائف ان دا یو کے کے اکاؤنٹ میں لاگ ان ہو کر بائیں جانب کے مینو پر 'My Details' کوکلک کریں اور اپنا آئی ڈی ڈاکومنٹ اور اس کا نمبر اور Expiry Date تبدیل کر لیں۔ اس کے بعد پیج کے

آخر میں 'Update My Details ' کو کلک کریں تاکہ آپ کی تبدیلیاں محفوظ ہو جایئں- اگر ٹیسٹ میں سات دن سے کم کا وقفہ ہے تو آپ یہ تفصیلات تبدیل نہیں کر سکتے-

مجھے لائف ان دا یو کے کا اکاؤنٹ کھولتے وقت ایسی کوئی ایمیل نہیں ملی جس کا مقصد میرے ایمیل ایڈرس کی تصدیق کرنا ہو- مجھے کیا کرنا چاہیے؟

آپ کو یہ دیکھنے کی ضرورت ہے کہ آیا لائف ان دا یو کے کے اکاؤنٹ میں آپ کا درست ایمیل ایڈرس موجود ہے یا نہیں- اس کے لئے اپنے لائف ان دا یو کے کے اکاؤنٹ میں لاگ ان یا داخل ہو کر بائیں جانب کے مینو پر 'My Details' کو کلک کریں اور دیکھیں کہ آپ کا ایمیل ایڈرس درست لکھا ہے یا نہیں- اگر نہیں تو اس کو درست کر دیں- اس کے بعد پیج کے آخر میں 'Update My Details ' کو کلک کریں تاکہ آپ کی تبدیلیاں محفوظ ہو جایئں- یہاں سے آپ کنفرم کرنے کی ایمیل کی درخواست بھی کر سکتے ہیں-

مجھے ٹیسٹ کی بکنگ کی کوئی ایمیل نہیں ملی- مجھے کیا کرنا چاہیے؟

اس کے لئے اپنے لائف ان دا یو کے کے اکاؤنٹ میں لاگ ان یا داخل ہو کر بائیں جانب کے مینو پر 'My Test' کو کلک کریں- یہاں آپ کو تمام تفصیلات مل جائیں گی-

مجھ سے ٹیسٹ کی بکنگ کی تمام تفصیلات کھو گئی ہیں- مجھے کیا کرنا چاہیے؟

اس کے لئے اپنے لائف ان دا یو کے کے اکاؤنٹ میں لاگ ان یا داخل ہو کر بائیں جانب کے مینو پر 'My Test' کو کلک کریں- یہاں آپ کو تمام تفصیلات مل جائیں گی-

سیکشن ڈی : خصوصی ضروریات

کسی طبی بیماری یا عارضے کی وجہ سے مجھے ٹیسٹ والے دن زیادہ سہارے یا مدد کی ضرورت پڑے گی- مجھے کیا کرنا چاہیے؟

جب آپ ٹیسٹ بک کریں گے تو آپ سے پوچھا جائے گا کہ آیا آپ کو کسی طبی بیماری یا عارضے کی وجہ سے ٹیسٹ والے دن زیادہ سہارے یا مدد کی ضرورت پڑے گی یا نہیں- اگر سینٹر کا منیجر آپ کی ضرورت کا قائل ہو گیا اور اس کے لئے مناسب بندوبست کر سکتا ہوا تو آپ کی درخواست نوٹ کر لی جائے گی اور کچھ دنوں میں آپ کو ایمیل سے اطلاع کر دی جائے کہ آپ کی مدد کے لئے مناسب انتظام ہو گیا یا نہیں- اس صورت میں آپ کو ٹیسٹ کے لئے جاتے ہوئے اپنی بیماری یا معذوری کا ثبوت ساتھ لے کر جانا ضروری ہو گا- ثبوت نہ لے کر جانے کی صورت میں آپ کو ٹیسٹ دینے سے روکا جا سکتا ہے اور آپ کی فیس ضبط کی جا سکتی ہے-

سیکشن ای : آپ کے ٹیسٹ کے دن

ٹیسٹ کی تیاری کے لئے کیا پڑھیں ؟

یاد رکھیے کہ ہماری کتاب آپ کی سہولت کے لئے آپ کی اپنی زبان میں بیان کی گئی وضاحتوں کے ساتھ صرف ایک Revision Help Book ہے اور یہ ہوم آفس کی تجویز کردہ کتاب نہیں ہے۔ اس کا متن ہم نے ہوم آفس کی ویب سائٹ تفصیل سے مطالعہ کر کے تشکیل دیا ہے اور اس کے لکھنے میں ہمارا ٹیسٹ کا ذاتی تجربہ شامل ہے۔ اور گو کہ اس کتاب کو لکھنے میں ہر طرح کی احتیاط برتی گئی ہے مگر کسی غلطی کی صورت میں مصنف اور پبلشر واسطہ یا بلاواسطہ نقصان کی ذمہ داری قبول نہیں کریں گے۔

میں سینٹر تک کا راستہ کیسے معلوم کروں گا ؟

اگر آپ اپنے ٹیسٹ سینٹر کے قریب کار پارک کرنے کی جگہ معلوم کرنا چاہیں یا سینٹر پہنچنے کا کوئی اور طریقہ جیسا کہ بس یا ٹرین یا ٹیوب تو آپ سینٹر کو فون کر سکتے ہیں یا یہ معلومات اس لنک سے حاصل کر سکتے ہیں

http://lifeintheuktest.ukba.homeoffice.gov.uk/pdf/centredetails.pdf

آپ کو یہ معلومات آپ کے سینٹر کے نام کے سامنے آخری کالم میں 'جنرل نوٹس' میں ملیں گی۔ اس کے علاوہ یہ معلومات آپ کو اپنے لائف ان دا یو کے اکاونٹ سے بھی مل جائیں گی۔ بس 'My Test' کو کلک کریں ، پھر ٹیسٹ سینٹر

کو کلک کریں اور پھر نقشہ حاصل کرنے کے لئے 'Show Directions' کو کلک کریں-

کیا ٹیسٹ میں اپنے بچوں کو یا گھر والوں یا دوستوں کو ساتھ لے کر جا سکتا ہوں؟

جی نہیں، ٹیسٹ سینٹر میں بچوں کی نگہداشت کا کوئی انتظام نہیں ہوتا، اس لئے آپ متبادل انتظام کر کے ٹیسٹ سینٹر تشریف لا ئیے- ٹیسٹ سینٹر میں زاید افراد کے بیٹھنے کی جگہ بھی نہیں ہوتی، اس لئے اگر آپ کے ساتھ دوست یا گھر والے ہوں تو ان سے باہر انتظار کا کہیے-

ٹیسٹ سے کتنا پہلے مجھے سینٹر پہنچنا ہوگا؟

لائف ان دا یو کے کی ویب سائٹ کے مطابق ٹیسٹ کے وقت سے کم از کم پندرہ منٹ پہلے آپ سینٹر پہنچیں- نیز اگر آپ دیر سے پہنچیں اور ٹیسٹ میں 5 منٹ سے کم رہ گئے ہوں تو آپ کو ٹیسٹ میں بیٹھنے کی اجازت نہیں دی جائے گی اور نہ ہی فیس واپس کی جائے گی-

سینٹر پہنچنے پر کیا ہو گا؟

سینٹر پہنچنے پرعملہ آپ کو خوش آ مدید کہے گا اور آپ کے کاغذات چیک کرے گا-

کیا مجھے وہی آئی ڈی/ شناخت کی دستاویز لے کر جانی ہوگی جو ٹیسٹ بک کرتے ہو ے میں نے استعمال کی تھی ؟

جی ہاں آپ کو وہی آئی ڈی/ شناخت کی دستاویز لے کر جانی ہوگی جو ٹیسٹ بک کرتے ہوئے آپ نے استعمال کی تھی- اس کے بغیر آپ کو ٹیسٹ کی اجازت نہیں دی جائے گی اور نہ ہی فیس واپس ہو گی-

کیا مجھے ٹیسٹ بک کرنے کی کنفرمیشن والی ایمیل بھی ساتھ لے کر جانی ہوگی؟

نہیں، مگر آپ کو ٹیسٹ بک کرتے ہوئے جن کاغذات لانے کی ہدایت کی گئی ہو، وہ ساتھ لے کر جائیں- ٹیسٹ سینٹر کا عملہ آپ کے کاغذات کی جانچ کرے گا-

مندرجہ ذیل کاغذات آپ کو ساتھ لے کر جانے ہوں گے:

- آ پ کا ہوم آفس ریفرنس نمبر
- وہ کاغذات جو آپ نے اپنی آئی ڈی / شناخت اور ایڈریس/ پوسٹ کوڈ کے لئے ٹیسٹ رجسٹر کرواتے وقت چنے تھے -اگر آپ یہ کاغذات مہیا نہ کر سکے تو آپ کو ٹیسٹ میں بیٹھنے کی اجازت نہیں دی جائے گی اور ٹیسٹ کی فیس بھی واپس نہیں ہو گی-
- اس کے علاوہ اگر آپ نے ٹیسٹ بک کرتے وقت کسی معزوری یا بیماری کی وجہ سے خاص انتظامات کی درخواست کی ہو تو اس

کا کوئی ثبوت یا کوئی سرٹیفیکیٹ بھی آپ کے باقی کاغذات کے ساتھ
دیکھا جائے گا تا کہ آپ کی ضرورت کے مطابق سینٹر کا عملہ آپ کی
مدد کر سکے۔

کاغذات دیکھنے کے بعد کیا ہو گا ؟

کاغذات دیکھنے کے بعد عملہ آپ کو "ٹیسٹ کیسے ہوگا" کی تفصیل بتائے گا اور
باقی امیدواروں کے ساتھ انتظار کو کہے گا۔ کچھ دیر بعد سینٹر کا عملہ آپ کو
پریکٹس ٹیسٹ کا موقع دیگا اور پھر کچھ دیر بعد ٹیسٹ شروع ہوگا۔

ٹیسٹ میں کیا ہوگا؟

ٹیسٹ میں 24 سوال ہونگے جن کو کرنے کے لئے 45 منٹ دیے جائں گے۔
ٹیسٹ کے 45 منٹ 24 سوال کرنے کے لئے کافی ہیں اور مناسب تیاری کی
صورت میں جلد بازی کی ضرورت نہیں پڑے گی۔
سوالوں کا تعلق برطانیہ میں زندگی کے مختلف پہلوؤں سے ہو گا اور تمام سوال

Life in the United Kingdom – A Journey to Citizenship – Handbook

Second Edition

میں سے ہی آئیں گے۔

یاد رکھیے کہ ٹیسٹ کے دوران آپ کو کوئی کتاب یا کسی قسم کی تیاری کے نوٹس سے رجوع کرنے کی اجازت نہیں ہے اور اسے نقل قرار دیا جائے گا اور ٹیسٹ روک دیا جائے گا۔

ٹیسٹ میں پاس ہونے کے لئے تقریباً 75% نمبر لینا ضروری ہے۔

کیا میں کوئی پڑھنے کی کتاب یا نوٹس ساتھ لا سکتا ہوں تاکہ ٹیسٹ کے دوران دیکھ سکوں؟

جی نہیں ، کوئی پڑھنے کی کتاب یا نوٹس ساتھ نہ لائیں۔ ٹیسٹ کے دوران کسی کتاب یا نوٹس یا کاغذ یا کسی بھی اور طریقے سے جوابات میں مدد لینا نقل قرار دیا جائے گا اور ٹیسٹ روک دیا جائے گا۔

ٹیسٹ کے بعد کیا ہوگا؟
ٹیسٹ کے بعد عام طور پر آپ سے باقی ٹیسٹ کے امیدواروں کے ساتھ انتظار کرنے کو کہا جائے گا جبکہ سینٹر کا عملہ آپ کے ٹیسٹ کا رزلٹ پرنٹ کرے گا اور پھر فرداً فرداً سب امیدواروں کو رزلٹ دیا جائے گا۔

یہ سارا عمل، سینٹر میں آنے سے رزلٹ حاصل کرنے تک، تقریباً 2 گھنٹے لیتا ہے، ٹیسٹ کی پلاننگ کرتے ہوئے اتنے وقت کی گنجائش رکھیے۔

میں ٹیسٹ کی پریکٹس کس طرح کر سکتا ہوں؟

ٹیسٹ کی پریکٹس لائف ان دا یو کے کی ویب سائٹ پر اس لنک سے کی جا سکتی ہے:

http://lifeintheuktest.ukba.homeoffice.gov.uk/htmlsite

ٹیسٹ کے دن ویب سائٹ دو پریکٹس ٹیسٹ کرنے کی سہولت دیتی ہے- پریکٹس ٹیسٹ کے رزلٹ سے ٹیسٹ کے رزلٹ کو کوئی فرق نہیں پڑتا- یہ صرف آپ کی مدد کے لئے بنائے گئے ہیں-

ٹیسٹ سے متعلق مختلف مسائل

اگے آپ کو ٹیسٹ سے متعلق مختلف مسائل درپیش ہوں تو آپ کی رہنمائی کے لئیے مختلف سوالات کے جوابات ان ویب لینکس پر مل جایئں گے، گو کہ ان میں سے زیادہ تر ہم یہاں پہلے ہی آپ کے لئے بیان کر چکے ہیں-

http://lifeintheuktest.ukba.homeoffice.gov.uk/htmlsite/help_10.html

http://lifeintheuktest.ukba.homeoffice.gov.uk/htmlsite/help_60.html#q9

اگر آپ کے جوابات یہاں موجود نہ ہوں تو فون نمبر 245 154 08000 پر لائف ان دا یو کے ہیلپ لائن سے مدد حاصل کی جا سکتی ہے.

سیکشن ایف : ٹیسٹ کے بعد

اگر میں ٹیسٹ میں کامیاب ہو جاؤں تو کیا ہوگا؟

اگر آپ ٹیسٹ میں کامیاب ہو جایئں تو آپ کو کامیابی کا لیٹر 'رزلٹ لیٹر' کی صورت میں دیا جائے گا- اس لیٹر کی ضرورت آپ کو اپنی سٹیزن شپ یا سیٹلمنٹ کی اپلیکیشن کے وقت پڑے گی- فیل ہونے کی صورت میں آپ سٹیزن شپ یا سیٹلمنٹ کے لئے اپلائی نہیں کر سکتے-

اس لیٹر کو بہت سنبھال کر رکھیے کیونکہ اگر یہ کھو گیا تو ٹیسٹ سینٹر والے آپ کو اس کی کاپی نہیں دے سکتے- اس کے کھو جانے کی صورت میں آپ کو ہوم آفس سے رابطہ کرنا پڑے گا- یہ بھی ممکن ہے کہ آپ کو ٹیسٹ دوبارہ سے دینا پڑ جائے -

اگر میرا ٹیسٹ پاس نہ ہوا تو کیا ہوگا؟

اگر آپ کا ٹیسٹ پاس نہ ہوا تو ٹیسٹ سینٹر کا عملہ آپ کو آپ کا رزلٹ بتا دیگا- اگر ایسا ھوا تو برائے مہربانی سٹیزن شپ یا سیٹلمنٹ کی اپلیکیشن جمع نہ کروائیں- ہاں، اگر آپ کا موجودہ ویزا ختم ہونے والا ہو یا ہو گیا ہو تو ویزے کی میعاد بڑھانے کے لئے "Further Leave to Remain" کے لئے درخواست دیں-

فیل ہونے کی صورت میں آپ کو آپ کے رزلٹ لیٹر پر بتا دیا جائے گا کہ آپ لائف ان دا یو کے ہینڈ بک کے کن حصوں میں کمزور پائے گئے-

اس کے بعد آپ کو UKBA کی تجویز کردہ ہینڈ بک اور ان کی ویب سائٹ سے ٹیسٹ کی تیاری کرنی چاہیے اور تیاری کے لئے تب تک ٹیسٹ کی مشقیں کرنی چاہیے جب تک آپ کو اپنی تیاری پر بھروسہ نہ ہو جائے-

جب آپ خود کو ٹیسٹ کے لئے پوری طرح سے تیار پائیں تو اپنے لائف ان دا یو کے کے اکاؤنٹ میں جا کر ایک نیا ٹیسٹ بک کریں- یاد رکھیے کہ آپ جتنی بار بھی ضروری ہو ٹیسٹ دے سکتے ہیں مگر آپ کو فیل ہونے سے اگلے ٹیسٹ کی تاریخ کے درمیان کم از کم سات دن کا وقفہ رکھنا ہوگا-

اگر آپ سمجھیں کہ آپ کی کمزور انگریزی کی وجہ سے آپ کا ٹیسٹ پاس نہیں ہوا تو ممکن ہے آپ کے لئے ایسول (ESOL) اور سٹیزن شپ کورس مناسب ہو- ایسا ہو تو آپ کو ٹیسٹ دینے کی بجائے کورس کرنا چاہیے- اور جیسا کہ ہم نے شروع میں ذکر کیا اگر آپ چاہیں تو اپنے نزدیکی ' لرن ڈائرکٹ سنٹر' سے رابطہ کریں جو آپ کا ایک چھوٹا سا ٹیسٹ لے کرآپ کو بتا سکتے ہیں کہ آیا آپ کے لئے لائف ان دا یو کے ٹیسٹ بہتر ہے یا ایسول کورس-

میرے ٹیسٹ کے سرٹیفیکٹ پر میرا نام غلط ہے- مجھے کیا کرنا چاہیے؟

آپ کے ٹیسٹ سرٹیفیکٹ پر وہی نام درج ہوا ملے گا جو آپ نے لائف ان دا یو کے اکاؤنٹ کھولتے وقت استعمال کیا ہوگا- ٹیسٹ سینٹر کا عملہ آپ کا نام درست یا تبدیل نہیں کر سکتا- اس کا حل یہی ہو سکتا ہے کہ جب آپ اپنی سٹیزن شپ یا سیٹلمنٹ کی اپلیکیشن جمع کروائیں تو ایک خط میں اپنے مسئلہ کی تفصیل ہوم آفس کو لکھ کر ساتھ لگا دیں- ہوم آفس اس بات پر غور کر سکتا ہے اور فیصلہ

کر سکتا ہے کہ آپ کا غلط نام کے ساتھ سرٹیفیکٹ قبول کرے یا رد کر دے۔ رد
کرنے کی صورت میں آپ کو دوبارہ ٹیسٹ دینا پڑ سکتا ہے۔ [اس بات کے پیش
نظر شروع سے اپنی تمام تفصیلات اکاؤنٹ کھولتے وقت بہت احتیاط سے داخل
کرنی چاہیے ہیں تا کہ بعد میں پریشانی کا سامنا نہ اٹھانا پڑے]۔

بکنگ سسٹم کی فنی خرابی یا ٹیسٹ سینٹر کے کسی   مسئلہ کی وجہ سے میرا
ٹیسٹ کینسل کر دیا گیا ہے۔ مجھے کیا کرنا چاہیے؟

اگر کسی مسئلہ کی وجہ سے متعلقہ اداروں کو آپ کا ٹیسٹ کینسل کرنا پڑا تو آپ
کو ایک ایمیل بھیجی جائے گی اور گزارش کی جائے گی کہ اگلے سات دنوں میں
آپ اپنی مرضی کی کسی تاریخ پر ٹیسٹ بک کر لیں ۔ اس کے لئے آپ کو مزید
فیس جمع نہیں کروانی پڑے گی۔ اگر ایک ہفتے میں آپ اپنے لئے ٹیسٹ بک نہیں
کرتے تو آپ کی ساری فیس آپ کو واپس کر دی جائے گی۔ یہ فیس آپ کے اسی
کارڈ کے اکاؤنٹ میں واپس ہو گی جو آپ نے ٹیسٹ بک کرتے ہوئے استعمال کیا
تھا. [یعنی اگر آپ نے کسی دوست یا رشتہ دارکا کارڈ استعمال کیا تھا تو فیس اسی
میں واپس ہوگی]۔

CHAPTER 1

THE MAKING OF THE UNITED KINGDOM

As of 2012, the first chapter is not included in the test. You should see the official website when you apply for your test, to see if it is included.

- The United Kingdom consists today of four countries: England, Scotland, Wales and Northern Ireland.

- These four countries came together at different times to form a union called the United Kingdom of Great Britain and Northern Ireland, which is the official name of the country.

- The name 'Britain' or 'Great Britain' refers only to England, Scotland and Wales, not to Northern Ireland.

- There are also several islands, which are closely linked with the United Kingdom, but do not form part of it: the Channel Islands and the Isle of Man. These have kept their own institutions of government and are called 'Crown Territories'.

- In sport, there are four football teams, which play separately in international competitions, but there is only one Olympic team for the whole of the United Kingdom.

- In the very early history, the land was populated by tribes who came to the British Isles from different parts of Europe.

- In later centuries, Britain was invaded by Celtic tribes who had a sophisticated culture and economy.

- The people spoke Celtic dialects, which later became the languages which are spoken today in some parts of Wales, Scotland and Ireland.

- In 55 BC the Romans, who had an empire covering most of the Mediterranean lands, first came to Britain with Julius Caesar.

- Nearly a hundred years later they came back and began a conquest of all of Britain except the highlands of Scotland.

پہلا چیپٹر ابھی سنہ 2012 میں ٹیسٹ میں شامل نہیں ہے.تازہ اطلاع کیلیے آپ آفیشل ویب سائٹ سے رجوع کریں-

- آج یونائیٹڈ کنگڈم چار ممالک سے مل کر بنا ہے جن میں انگلینڈ ، سکاٹ لینڈ، ویلز اور نادرن آئر لینڈ شامل ہیں –
- ان چار ممالک نے مختلف اوقات میں مل کر اتحاد بنایا جس کو یونائیٹڈ کنگڈم آف گریٹ بریٹن اینڈ نادرن آئر لینڈ کہا جاتا ہے جو اس کا سرکاری نام ہے –
- 'بریٹن' یا ' گریٹ بریٹن' سے مراد صرف انگلینڈ، سکاٹ لینڈ اور ویلز ہیں - ان میں نادرن ائر لینڈ شامل نہیں –
- بہت سے جزیروں کا برطانیہ کے ساتھ قریبی تعلق ہے مگر وہ اس کا حصّہ نہیں بناتے جن میں چینل آیئلینڈز اور آئیل آف مین شامل ہیں - ان کی اپنی حکومتیں قائم ہیں اور ان کو 'کراؤن ٹیریٹوریز' کہتے ہیں –
- کھیلوں میں (برطانیہ میں) فٹبال کی چار ٹیمیں ہیں جو بین الاقوامی مقابلوں میں الگ الگ حصّہ لیتی ہیں مگر اولیمپک کیلیئے پورے برطانیہ کی ایک ہی ٹیم ہے –
- تاریخ کی ابتدا میں یہاں پر مختلف قبیلے آ کر بسے جو یورپ کے مختلف حصّوں سے آئے تھے –
- بعد کی صدیوں میں یہاں پر کیلٹک قبیلوں نے چڑھائی کی جو تہذیب و تمدّن اور معاشی لحاظ سے ترقی یافتہ تھے –
- وہ لوگ کیلٹک زبانوں میں بات کرتے تھے اور یہی زبانیں آجکل ویلز، سکاٹ لینڈ اور آئر لینڈ کے کچھ حصّوں میں بولی جاتی ہیں
- 55 BC میں رومن جن کی مملکت میڈیٹر ینن کے زیادہ حصّوں پر مشتمل تھی ، پہلی مرتبہ جولیس سیزر کے ساتھ برطانیہ آئے –
- قریب قریب سو سال بعد وہ دوبارہ آئے اور انھوں نے سارے برطانیہ کی فتوحات شروع کیں ماسوائے سکاٹ لینڈ میں ہائے لینڈز کے –

- The Romans had a big impact on life in Britain.

- Before they left in 410 AD, they established medical practice, created a structure of administration and law, and built great public buildings and roads.

- The language of the Romans was Latin.

- As the Roman Empire gradually became weaker, new tribes invaded from the northern Europe looking for better land. These were called the Jutes, Angles and Saxons.

- These people spoke dialects, which later became the basis of English.

- During the 6th century, missionaries from Rome led by St Augustine came to Britain and spread the new religion of Christianity across the south.

- In the 8th and 9th centuries, Vikings from Denmark and Norway invaded Britain and Ireland.

- King Alfred the Great defeated the Vikings in England at the end of the 9th century.

- For a while in the 11th century, Vikings again ruled England under King Canute.

- After King Canute, the Saxons again ruled England until an invasion led by William, Duke of Normandy (part of today's France) in 1066. He is also called William the Conqueror.

- The first Jewish settlements in the UK were also established at this time. William the Conqueror encouraged Jews from France to settle in Britain.

- برطانیہ کے طرز زندگی پر رومن کا گہرہ اثر تھا –
- 410 AD میں انھوں نے جانے سے پہلے یہاں پر طب کا شعبہ قائم کیا ،نظم و نسق اور قانون کا ڈھانچہ بنایا اور مشہور عمارتوں اور سڑکوں کی تعمیر کی –
- رومن لاطینی زبان میں بات کرتے تھے –
- جیسے رومن مملکت آہستہ آہستہ کمزور ہونے لگی تو شمالی یورپ سے نئے قبیلوں نے حملے شروع کر دیے جو بہتر زندگی کی تلاش میں تھے -ان کو جوٹ، اینگل اور سیکسن کہا گیا –
- یہ لوگ جن زبانوں میں بات کرتےتھے وہ بعد میں انگریزی کی بنیاد بنیں -
- چھٹی صدی کے دوران سینٹ آگسٹن کی سربراہی میں تبلیغی برطانیہ آئے اور انھوں نے جنوب میں عیسائی مذہب پھیلانا شروع کیا
- آٹھویں اور نویں صدی میں ڈنمارک اور ناروے سے وائکنگز نے برطانیہ اور آئر لینڈ پر فوج کشی کی –
- نویں صدی کے آخر میں کنگ الفریڈ دی گریٹ نے وائکنگز کو انگلینڈ میں شکست دی –
- گیارہویں صدی میں کچھ مدت تک وائکنگز نے پھر کنگ کینو ٹ کی سبراہی میں انگلینڈ پر حکومت کی –
- کنگ کینو ٹ کے بعد ، سیکسن نے پھر انگلینڈ پر 1066 تک حکومت کی، تب نارمنڈی (جو آجکل فرانس کا حصّہ ہے) کے نواب ولیم نے (برطانیہ پر) چڑھائی کر دی - اس کو ولیم فاتح بھی کہا جاتا ہے –
- برطانیہ میں یہودیوں کی پہلی بستیاں اسی وقت قائم ہوئیں - ولیم فاتح نے فرانس کے یہودیوں کی حوصلہ افزائی کی کہ وہ آ کر برطانیہ میں بسیں -

- The period after the Norman Conquests is called the Middle Ages or the medieval period. It lasted until about 1485.

- In the 12th and 13th centuries, many knights from British Isles took part in the Crusades, in which European Christians fought for control of Jerusalem and of other cities in the Holy Land.

- The Scots, led by Robert the Bruce, defeated the English at the battle of Bannockburn in 1314.

- In Wales, however, the English managed to destroy the power of the Welsh prince by 1300.

- From 1536, England imposed its laws on Wales and the English language became compulsory for legal and official purposes.

- During the Middle Ages, the English kings also fought a long war with the French, called the Hundred Years War.

- Before 1215, there were no laws to limit the power of the king of England.

- In 1215, the barons forced King John to sign a charter of rights called the Magna Carta (which means the Great Charter).

- In 1348, a third of the population of England died in the plague called the Black Death.

- At the end of Middle Ages, there was a 30-year civil war in England between the two aristocratic groups, the supporters of the House of Lancaster and those of the House of York. This war was known as the Wars of the Roses.

- نارمن فتوحات کے بعد کے دور کو 'مڈل ایجز' یا میڈ ایول دور کہا جاتا ہے - یہ 1485 تک چلتا رہا –
- بارہویں اور تیرھویں صدی میں برٹش جزیروں کے بہت سارے سرداروں نے صلیبی جنگوں میں حصّہ لیا جس میں یورپین عیسایوں نے یروشلم اور مقدّس زمین کے دوسرے شہروں پر قبضے کے لئے لڑائیاں لڑیں –
- 1314 میں سکاٹش نے رابرٹ دی بروس کی سربراہی میں بینک برن کی جنگ میں انگریزوں کو شکست دی –
- تاهم ویلز میں ، انگریز سنہ 1300 میں ویلش شہزادے کی طاقت کو ختم کرنے میں کامیاب ہو گئے-
- 1536 سے انگلینڈ نے ویلز کو اپنے قانون ماننے پر مجبور کیا اور انگلش زبان قانونی اور سرکاری کاموں کے لئے لازمی بنا دی گئی –
- مڈل ایجز کے دوران انگریز بادشاہوں نے فرانس کے ساتھ بھی ایک طویل جنگ لڑی، جس کو سو سال کی جنگ کہا جاتا ہے –
- 1215 سے پہلے انگلینڈ کے بادشاہ کی قوّت پر حد لگانے کے کوئی قوانین نہیں تھے –
- 1215 میں امراء نے کنگ جان پر زور ڈالا کہ وہ منشور پر دستخط کرے جسے میگنا کارٹا یا بڑا منشور کہا گیا –
- 1348 میں انگلینڈ کی ایک تہائی آبادی طاعون کی وجہ سے موت کے منہ میں چلی گئی - اس کو کالی موت کہا جاتا ہے –
- مڈل ایجز کے اختتام پر انگلینڈ میں دو گروہوں ، جن میں ہاؤس آف لینکاسٹر اور ہاؤس آف یارک کی حمایت کرنے والے تھے ، میں 30 سالہ خانہ جنگی ہوئی - اس جنگ کو گلابوں کی جنگیں کہا جاتا ہے –

- Henry VIII wanted a divorce because his wife, Catherine of Aragon, had not given him a surviving heir. In order to get a divorce and remarry he needed the approval of the Pope. When the Pope refused, Henry established the Church of England.

- The people who opposed the Pope were called Protestants.

- The Protestants believed that each individual's personal relationship with God was of supreme importance.

- The Catholics believed that it was essential to submit to the authority of the Church, as led by the Pope.

- Henry VIII's only son and heir was Edward. Edward was strongly Protestant, but he died at the age of 15 and his half-sister Mary became the queen.

- Mary was a devout Catholic and brought England back to obedience to the Pope.

- Mary, too, died after only a short reign and the next monarch was her half-sister Elizabeth, a Protestant. She re-established the Church of England and the Christian religion as practised in England became known as Anglicanism.

- When Elizabeth I died in 1603, she had no children. Her nearest relative was the king of Scotland, James VI.

- James was the son of Mary, Queen of Scots, but he was a Protestant. He became King James I of England but the two countries did not become united at this time.

- Charles I, son of James I, tried to impose the ceremonies of the Church of England on the Protestants of Scotland, who were called Presbyterians.

- ہینری VIII اپنی بیوی کیتھرین آف آراگون کو طلاق دینا چاہتا تھا کیونکہ اس نے اسے تخت کا وارث نہیں دیا تھا - طلاق دینے اور دوسری شادی کرنے کے لئے اسے پوپ کی اجازت کی ضرورت تھی - جب پوپ نے انکار کیا تو ہینری نے چرچ آف انگلینڈ قائم کر دیا –
- جن لوگوں نے پوپ کی مخالفت کی ان کو پروٹیسٹنٹ کہا گیا –
- پروٹیسٹنٹ کا یہ عقیدہ تھا کہ خدا کے ساتھ ہر ایک کے ذاتی تعلق کی اعلیٰ ترین اہمیت ہے –
- کیتھولک کا یہ عقیدہ تھا کہ یہ انتہائی ضروری ہے کہ پوپ کی قیادت میں چرچ کے اختیار کو تسلیم کیا جائے –
- ہینری VIII کا واحد بیٹا اور وارث ایڈورڈ تھا - ایڈورڈ پختہ پروٹیسٹنٹ تھا مگر وہ 15 سال کی عمر میں مر گیا اور اس کی سوتیلی بہن میری ملکہ بنی-
- میری کیتھولک تھی اور وہ انگلینڈ کو واپس پوپ کی تابعداری میں لے کر آئی-
- میری بھی تھوڑے عرصے کی بادشاہت کے بعد انتقال کر گئی - اس کے بعد اس کی سوتیلی بہن الزبتھ جو ایک پروٹیسٹنٹ تھی حکمران بنی - اس نے چرچ آف انگلینڈ کو دوبارہ سے قائم کیا اور عیسائی مذہب پر جیسے اس زمانے میں عمل ہوتا تھا اسے اینگلیکنظم کہا جانے لگا –
- 1603 میں جب الزبتھ اوّل کا انتقال ہوا تو اس کی کوئی اولاد نہ تھی - اس کا قریب ترین رشتہ دار سکاٹ لینڈ کا بادشاہ جیمز VI تھا –
- جیمز سکاٹ لینڈ کی ملکہ میری کا بیٹا تھا ، لیکن وہ پروٹیسٹنٹ تھا - وہ انگلینڈ کا بادشاہ جیمز اوّل بنا مگر اس وقت دونوں ممالک متحد نہ ہوئے
- چارلس اوّل، جو جیمز اوّل کا بیٹا تھا ، اس نے چرچ آف انگلینڈ کی رسومات سکاٹ لینڈ کے پروٹیسٹنٹ پر ڈالنے کی کوشش کی ، جن کو پریسبائی ٹیرین کہا گیا –

- After four years Charles-I was defeated by Parliament's general, the Puritan Oliver Cromwell.

- Charles, however, refused to compromise with Parliament and was executed in 1649.

- For eleven years, England became a republic for the only time in its history, under the leadership of Oliver Cromwell, who took the title of Lord Protector from 1653.

- In 1660, Charles II, son of Charles I, was recalled to England, from his exile in the Netherlands, and crowned king.

- In 1688, the great lords who were opposed to James II conspired to ask William of Orange, the Protestant ruler of the Netherlands, to invade England and proclaim himself king. William was married to James II's daughter, Mary.

- When he invaded, there was no resistance in England, and he and Mary, took over the throne. This change was later called the 'Glorious Revolution' in England.

- After 1688, many Acts of Parliament permanently changed the balance of power between monarch and Parliament. A new Parliament had to be elected at least every three years (later this became seven years and now it is five years).

- The English put pressure on the Scots to join England in an Act of Union, called the Treaty of Union in Scotland, which took place in 1707.

- The kingdoms of England and Scotland became the Kingdom of Great Britain. It had one flag, the Union flag, often called the Union Jack.

- چار سال کے بعد چارلس اوّل کو پارلیمنٹ کے اولیور کرامویل نے شکست دی -
- چارلس نے، بہر کیف، پارلیمنٹ سے مصالحت کرنے سے انکار کر دیا اور 1649 میں اسے ختم کر دیا گیا –
- اولیور کرامویل کی سربراہی میں انگلینڈ میں گیارہ سال تک پہلی اور آخری مرتبہ ریپبلک جمہوریت قائم ہوئی ، اسے 1653 سے لارڈ پروٹیکٹر کا ٹائیٹل دیا گیا–
- 1660 میں، چارلس II، جو چارلس اوّل کا بیٹا تھا ، کو اس کی نیدرلینڈز میں جلا وطنی سے واپس انگلینڈ بلا کر بادشاہت دی گئی –
- 1688 میں، جیمز II کے مخالف بڑے سرداروں نے سازش کر کے ولیم آف اورنج ، جو نیدر لینڈ کا پروٹیسٹنٹ حکمران تھا ، کو کہا کے وہ انگلینڈ پر حملہ کر کے اپنی بادشاہت کے اعلان کرے - ولیم کی شادی جیمزII کی بیٹی میری سے ہوئی تھی –
- اس نے جب حملہ کیا تو انگلینڈ میں اس کے خلاف کوئی مزاحمت نہ ہوئی اور اس نے اور میری نے تخت پر قبضہ کر لیا - اس تبدیلی کو بعد میں انگلینڈ میں عظیم الشان انقلاب کہا گیا –
- 1688 کے بعد ، پارلیمنٹ کے بہت سے ایکٹ ایسے تھے جنہوں نے فرمانروا اور پارلیمنٹ کے بیچ طاقت کا تناسب ہمیشہ کے لئے بدل دیا - نئی پارلیمنٹ کم از کم ہر تین سال بعد چنی جاتی (بعد میں یہ سات سال ہو گئی اور اب پانچ سال ہے)-
- انگریزوں نے سکاٹ لینڈ کے لوگوں پر دباؤ ڈالا وہ ایکٹ آف یونین جسے سکاٹ لینڈ میں ٹریٹی آف یونین کہتے تھے ، کے تحت انگلینڈ سے مل جائیں - یہ 1707 میں ہوا –
- انگلینڈ اور سکاٹ لینڈ متحد ہو کر کنگڈم آف گریٹ بریٹن بن گئی - ان کا ایک جھنڈا تھا ، یونین فلیگ جس کو اکثر یونین جیک کہا جاتا ہے

- The Kingdom of Great Britain became the United Kingdom of Great Britain and Ireland in 1801, after a second Act of Union.

- In 1922 Ireland split into two – the South became a dominion and the North remained in the Union.

- When Queen Anne died in 1714, Parliament chose a German, George I, to be the king of Britain, because he was Anne's nearest Protestant relative.

- The first man to hold the office of the Prime Minister was Sir Robert Walpole, who was Prime Minister for 20 years until 1742.

- The 18th century in Britain was a time of greater domestic peace and tolerance than previously. It was a time of many new ideas in politics, philosophy and science, which together are often called the Enlightenment.

- The first Jews to come to Britain since the Middle Ages had settled in London in 1656 and between 1680 and 1720, many refugees came from France. These were called Huguenots. They were Protestants and had been persecuted for their religion.

- The slave trade had started in the Elizabethan era and was fully established by the 18th century. It was dominated by Britain and the colonies in America.

- The slave traders bought men and women from West Africa, and British ships took them to work on the sugar and tobacco plantations in America and the Caribbean.

- Public opinion gradually turned against the slave trade and in 1807 it became illegal to trade slaves in British ships or from British ports.

- 1801 میں دوسرے ایکٹ آف یونین کے بعد کنگڈم آف گریٹ بریٹن، یونائیٹڈ کنگڈم آف گریٹ بریٹن اینڈ آئر لینڈ بن گئی –
- 1922 میں آئر لینڈ دو حصّوں میں ٹوٹ گیا - جنوبی حصّے نے اپنی حکومت بنا لی جبکہ شمالی حصّہ یونین میں ہی رہا –
- 1714 میں جب ملکہ این کا انتقال ہوا تو پارلیمنٹ نے ایک جرمن، جارج اوّل کو بادشاہت کے لئے چنا کیونکہ وہ این کا قریب ترین پروٹیسٹنٹ رشتےدار تھا –
- سر رابرٹ والپول پرائم منسٹر کا آفس سنبھالنے والا پہلا شخص تھا - وہ 1742 تک بیس سال تک پرائم منسٹر رہا -
- برطانیہ میں اٹھارویں صدی کا وقت پہلے کے مقابلے میں زیادہ سکون اور برداشت کا رہا - اس وقت میں سیاست ، فلسفہ اور سائنس میں نئے خیالات سامنے آئے- اس کو اکثر بصیرت اور روشن خیالی کا وقت کہا جاتا ہے –
- مڈل ایجز کے بعد جو پہلے یہودی برطانیہ آئے وہ 1656 میں لندن میں آباد ہوئے - 1680 سے 1720 کے درمیان بہت سے مہاجر فرانس سے آئے جن کو ہیوج ناٹس کہا جاتا تھا - یہ پروٹیسٹنٹ تھے جو مذہبی ایذا رسائی سے بچ کر نکلے تھے -
- غلاموں کی سودا گری الزبتھ کے دور بادشاہت میں شروع ہوئی اور اٹھارویں صدی تک پوری طرح قائم ہو گئی- اس میں برطانیہ اور امریکی کالونیاں پیش پیش تھیں –
- غلاموں کے تاجر مغربی افریقہ سے مردوں اور عورتوں کو لاتے اور برطانوی بحری جہاز ان کو لے کر امریکہ اور کیریبین کے شکر اور تمباکو کے کھیتوں میں کام کے لئے لے جاتے –
- عوامی خیالات آہستہ آہستہ غلاموں کی سودا گری کے خلاف ہونے لگے اور 1807 میں یہ غیر قانونی ہو گیا کہ برطانوی جہازوں یا بندر گاہوں کو ان کے لئے استعمال کیا جائے-

- Later, in 1833, the Emancipation Act abolished slavery throughout the British Empire.

- American colonies declared independence from Britain in 1776.

- In 1815, Britain ruled territories in Canada, the Caribbean, parts of India, and a few settlements in Australia and southern Africa.

- A hundred years later, the British Empire had expanded further to cover all of India, Australia and large parts of Africa. Historians call this expansion of the empire after American independence the 'Second British Empire.' It became the largest in the world, with an estimated population of over 400 million people.

- Between 1870 and 1914, around 120,000 Russian and Polish Jews came to Britain to escape persecution at home.

- British industry led the world in the 19th century.

- Much of the heavy work of creating Britain's industrial infrastructure was done by immigrant labour from Ireland.

- Many Irish people migrated to England to escape famine and poverty and settled as agricultural workers and labourers.

- It was not until 1928 that all men and women had the right to vote.

- The right of women to vote was won after a long campaign by the Women's Suffrage Movement (the Suffragettes) who had to resort to civil disobedience to achieve their goal.

- 1833 میں ایمانسپیشن ایکٹ کے تحت غلامی پوری برطانوی سلطنت میں ختم کر دی گئی -
- 1776 میں امریکی کالونیوں نے برطانیہ سے آزادی کا اعلان کیا –
- 1815 میں برطانیہ نے کینیڈا ، کیریبین ، ہندوستان کے کچھ حصّوں ،اور آسٹریلیا اور جنوبی افریقہ کے کچھ حصّوں پر حکومت کی –
- سو سال بعد سلطنت برطانیہ مزید پھیلی اور سارے ہندوستان، آسٹریلیا اور افریقہ کے بڑے حصّے کو اس میں شامل کر لیا - تاریخدان امریکی آزادی کے بعد اس پھیلاؤ کو 'دوسری برطانوی سلطنت' کہتے ہیں - یہ دنیا کی سب سے بڑی سلطنت بن گئی جس کی آبادی 400 ملین سے زیادہ تھی –
- 1870 سے 1914 کے درمیان قریب قریب 120,000 روس اور پولینڈ کے یہودی وہاں پر ایذا رسائی سے بچنے کہ لئے برطانیہ آئے –
- انیسویں صدی میں برطانوی صنعت و حرفت نے دنیا کی قیادت کی –
- برطانیہ کی صنعت کا ڈھانچہ بنانے کا زیادہ تر بھاری کام آئرلینڈ سے آئے ہوئے مہاجر مزدوروں نے کیا –
- قحط سالی اور غربت سے بچنے کہ لئے بہت سے آئرش لوگ ہجرت کر کہ انگلینڈ آئے اور یہاں پر کھیتی باڑی اور مزدوری کرنے لگے –
- 1928 سے پہلے ایسا نہیں تھا کہ سب مرد اور خواتین کو ووٹ ڈالنے کا حق ہوتا -
- وومن سفریج موومنٹ (سفراگیٹس) کی طویل تحریک کی بدولت خواتین کو ووٹ ڈالنے کا حق ملا - اس دوران اپنی بات منوانے کہ لئے انہیں سول نافرمانی بھی کرنی پڑی-

- The First World War (1914-18) broke out between several European nations. Millions of people were killed or wounded.

- The 19th century had been a very difficult period in Irish history. In the middle of the 19th century, the potato crop had failed, and Ireland suffered a famine.

- The government in London failed to help the Irish people adequately, causing bitterness that still continues. The Irish nationalist movement grew stronger during this period.

- Some, such as the Fenians, favoured complete independence. Others, such as Charles Stuart Parnell, advocated 'Home Rule'.

- In 1913, the British government finally promised Home Rule for Ireland and the Home Rule Bill started to go through Parliament.

- In 1916, there was an uprising (the Easter Rising) against the British by Irish nationalists in Dublin.

- In 1921, a peace treaty was signed and in 1922 Ireland was separated into two parts. The six counties in the North, which were mainly Protestants, remained part of the United Kingdom, while the rest of the Ireland became the Irish Free State and became a republic in 1949.

- Hitler invaded Poland in 1939. In the first year of war, Hitler's armies successfully invaded Belgium, France and the Netherlands. In this national crisis, Winston Churchill became Prime Minister and Britain's war leader.

- When the Japanese bombed the United States naval base at Pearl Harbour, the USA entered the war.

- پہلی جنگ عظیم (1914-18) کئی یورپین قوموں کے بیچ چھڑی- اس میں لاکھوں لوگ مارے گئے یا زخمی ہوئے –
- آئرش تاریخ میں انیسویں صدی کا وقت بہت مشکل تھا - انیسویں صدی کے درمیان میں آلوؤں کی فصل ناکام ہو گئی اور آئرلینڈ کو قحط سالی کا سامنا کرنا پڑا-
- لندن میں گورنمنٹ آئرش لوگوں کی مناسب مدد کرنے میں ناکام ہو گئی جس کی وجہ سے عداوت نے جنم لیا جو اب بھی جاری ہے - آئرش قومیت کی تحریک اس دوران مضبوط ہوئی-
- کچھ ، جیسے فینیانز، نے مکمل آزادی کی حمایت کی - دوسروں، جیسے چارلس سٹورٹ پارنل نے 'ہوم رول ' کی وکالت کی –
- 1913 میں، آخر کار برطانیہ کی حکومت نے آئرلینڈ کے لئے ہوم رول کا وعدہ کیا اور ہوم رول کا بل پارلیمنٹ میں پیش کیا گیا –
- 1916 میں آئرش قوم پرستوں نے ڈبلن میں برطانیہ کے خلاف بغاوت، جسے 'ایسٹر بغاوت' کہتے ہیں، شروع کی –
- 1921 میں امن معائدہ پر دستخط ہوئے اور 1922 میں آئرلینڈ کو دو حصّوں میں الگ کر دیا گیا -شمال کی چھہ کاؤنٹیز جو زیادہ تر پروٹیسٹنٹ تھیں برطانیہ کا حصّہ رہیں جبکہ باقی آئرلینڈ آزاد ملک بن گیا اور 1949 میں وہاں جمہوری حکومت قائم ہوئی –
- 1939 میں ہٹلر نے پولینڈ پر حملہ کر دیا - جنگ کے پہلے سال ہٹلر کی فوجوں نے بیلجیم ، فرانس اور نیدر لینڈز پر کامیابی سے قبضے کئے- اس قومی بحران میں ونسٹن چرچل پرائم منسٹر اور برطانوی جنگ کے سربراہ بنے –
- جب جاپانیوں نے امریکہ کے نیول بیس پرل ہاربر پر بم گرایا تو امریکہ جنگ میں شریک ہو گیا –

- With their Russian allies, they brought about the total defeat of Germany in the summer of 1945.

- In 1945, the British people elected a Labour government, despite Churchill's success as war leader. The new Prime Minister was Clement Attlee. The government established a free National Health Service (NHS), which guaranteed a minimum standard of healthcare for all.

- The Labour party also believed in self-government for the former colonies and so granted independence to India, Pakistan, and Ceylon (now Sri Lanka) in 1947.

- The Labour government provided for the UK's defence by developing its own atomic bomb and joining the new North Atlantic Treaty Organisation (NATO).

- In 1951, Labour was defeated.

- The Labour party returned to power from 1964 to 1970 and then again from 1974 to 1979.

- West Germany, France, Belgium, Italy, Luxembourg and the Netherlands had formed the European Economic Community (EEC).

- The EEC had the goal of harmonising political, economic and trade relations between its members and creating a common agricultural policy.

- A European Parliament was established in Strasbourg and a civil service, called the European Commission, in Brussels.

- At first, the UK did not wish to join the EEC. When the British government did decide that it wanted to join, its applications were vetoed twice, first in 1963 and again in 1967.

- اتحادیوں نے اپنے روسی ایلائز کے ساتھ مل کر 1945 کی گرمیوں میں جرمنی کو مکمل شکست دے دی –
- 1945 میں برطانوی عوام نے لیبر کی حکومت منتخب کی ، باوجود اس کے کہ چرچل بطور جنگی سربراہ کامیاب رہا تھا - نیا پرائم منسٹر کلیمنٹ آٹلی تھا - حکومت نے مفت نیشنل ہیلتھ سروس (این ایچ ایس) قائم کی جو سب کے لئے کم از کم ایک صحت عامہ کا معیار قا ئم کرنے کی ضامن بنی –
- لیبر پارٹی گزشتہ کالونیوں کی آزاد حکومت کی بھی قایل تھی چناچہ ہندوستان، پاکستان اور سیلون (اب کا سری لنکا) کو 1947 میں آزادی کا حق دیا –
- لیبر حکومت نے ایٹم بم بنا کر یو کے کے دفاع کو مضبوط کیا اور نئی نارتھ اٹلانٹک ٹریٹی آرگینائزیشن (نیٹو) میں شامل ہوئی –
- 1951 میں لیبر کو شکست ہوئی –

1964 سے 1970 تک لیبر پارٹی دوبارہ حکومت میں آئی اور ایک مرتبہ پھر 1974 سے 1979 تک -

- مغربی جرمنی ، فرانس، بیلجیم ، اٹلی ، لگزمبرگ اور نیدر لینڈز نے مل کر یورپین ایکونومک کمیونٹی (EEC) بنائی-
- EEC کا مقصد اس کے ممبران میں سیاسی، معاشی اور تجارتی تعلقات میں ہم آہنگی قائم کرنا اور زراعت کی مشترکہ پالیسی بنانا تھا –
- یورپین پارلیمنٹ سٹراسبرگ میں قائم ہوئی اور سول سروس، جسے یورپین کمیشن کہتے ہیں ، برسلز میں –
- شروع میں یوکے EEC میں شامل نہیں ہونا چاہتا تھا – جب یوکے کی حکومت نے اس میں شامل ہونے کا فیصلہ کیا تو اس کی درخواست دو مرتبہ 1963 اور پھر 1967 میں رد کر دی گئی –

- In 1972, the Conservative Prime Minister Edward Heath negotiated the UK's entry into the EEC. The country was still divided on the issue of joining, and this led the next Labour government to hold a referendum in 1975, in which majority voted to continue its membership.

- In 1992, the Treaty of Maastricht renamed the EEC and its related institutions, the European Union (EU).

- The Conservatives won the general election in 1979 and remained in office until 1997.

- Under Margaret Thatcher, Prime Minister from 1979 until 1990, the government returned to the principles of a strict control of the money supply and a free market economy.

- The Conservatives privatised the main nationalised industries and public services: electricity, gas, water, telephones and the railways.

- In 1997, the Conservatives were beaten in the general election by the Labour Party, now branded New Labour to emphasise the changes it had undergone since its years of power in the 1970s.

- New Labour, led by Tony Blair, wished to break from the old Labour policies of public ownership and high taxation for public services.

- The Blair government broke with Conservative policy by introducing a Scottish Parliament and a Welsh Assembly.

- 1972 میں کنزرویٹو پرائم منسٹر ایڈورڈ ہیتھ نے بات چیت کر کہ برطانیہ کو EEC میں شامل کروا دیا - ملک اب بھی اس میں شامل ہونے کے فیصلے پر بٹا ہوا تھا جس کی وجہ سے اگلی لیبر حکومت نے 1975 میں ریفرنڈم کروایا جس میں اکثریت نے ممبرشپ جاری رکھنے کے حق میں فیصلہ دیا –
- 1992 میں ماستریچٹ معائدہ میں EEC اور اس سے متعلق اداروں کا نام بدل کر یورپین یو نین (EU) رکھا گیا –
- کنزرویٹوز نے 1979 میں الیکشن جیتا اور وہ 1997 تک حکومت میں رہے –
- مارگریٹ تھیچر کی سربراہی میں، جو1979 سے 1990 تک پرائم منسٹر رہیں، حکومت واپس پرانے اصّولوں پر، جن میں پیسے مہیا کرنے کی سخت نگرانی اور مفت مارکیٹ ایکونومی شامل تھے ، لوٹ آئی -
- کنزرویٹوز نے بڑی قومی صنعتیں اور عوامی سروسز، جیسے بجلی، گیس، پانی، فون اور ریلوے کا نظام، نجی ملکیت میں دے دیا –
- 1997 میں لیبر پارٹی نے کنزرویٹوز کو الیکشن میں شکست دے دی - لیبر پارٹی کو اب نیو لیبر کہا گیا ان تبدیلیوں پر زور ڈالنے کے لئے جو اس میں آئی تھیں، ان کی 1970 کی دہائی کی پرانی حکومت سے لے کر اب تک –
- ٹونی بلیر کی سربراہی میں نئی لیبر چاہتی تھی کہ وہ پرانی لیبر پالیسیوں سے ناطہ توڑ ڈالے جن میں عوامی مالکانہ حقوق اور عوامی سروسز پر زیادہ ٹیکس شامل تھے -
- بلیر حکومت سکاٹش پارلیمنٹ اور ویلش اسمبلی بنا کر کنزرویٹو کی پالیسی سے الگ ہو گئی -

CHAPTER 1

PRACTICE

TEST

1   **What is the official name of Great Britain?**

    A   Britain

    B   United Kingdom of Great Britain

    C   United Kingdom of Great Britain and Northern Ireland

    D   Great Britain

2   **What does Great Britain refer to?**

    A   England and Scotland

    B   England, Scotland and Wales

    C   England, Scotland and Northern Ireland

    D   England and Wales

3   **In the United Kingdom, how many football teams are there for international competitions?**

    A   One

    B   Two

    C   Three

    D   Four

4   **When did the Romans first come to Britain with Julius Caesar?**

    A   55 BC

    B   65 BC

    C   82 BC

    D   91 BC

5   **In which year was Magna Carta singed?**

    A   1115

    B   1350

    C   1215

    D   1410

6   In which year was the Black Death?

A   1428
B   1524
C   1345
D   1348

7   In which year did Scots join England in an Act of Union?

A   1828
B   1707
C   1642
D   1727

8   Who established Church of England?

A   Henry VIII
B   Elizabeth I
C   Charles I
D   Charles II

9   When did the American colonies declare independence from Britain?

A   1876
B   1895
C   1707
D   1776

10   Who held the office of the Prime Minister for the first time?

A   Winston Churchill
B   Sir Robert Walpole
C   Edward Heath
D   Clement Attlee

11   In which year was National Health Service established?

       A   1947
       B   1952
       C   1945
       D   1959

12   When did Hitler invade Poland?

       A   1939
       B   1918
       C   1945
       D   1951

13   In which year was Ireland split into two parts?

       A   1921
       B   1922
       C   1949
       D   1945

14   When did the First World War break out?

       A   1919
       B   1918
       C   1939
       D   1914

15   In which year was Germany defeated?

       A   1939
       B   1945
       C   1946
       D   1952

16   When did Ireland suffer famine?

    A   17th century
    B   18th century
    C   19th century
    D   20th century

17   The Conservative party granted independence to India, Pakistan and Sri Lanka in 1947. Is this statement true or false?

    A   True
    B   False

18   When did Margaret Thatcher become Prime Minister?

    A   1979
    B   1990
    C   1997
    D   1992

19   The United Kingdom was one of the countries who formed European Economic Community (EEC). Is this statement true or false?

    A   True
    B   False

20   The EEC had the goal of harmonising political, economic and trade relations between its members. Is this statement true or false?

    A   True
    B   False

21   In which city was European Parliament established?

    A   Brussels
    B   Paris
    C   Geneva
    D   Strasbourg

22   In which year was European Economic Community renamed as European Union?

    A   1995
    B   1992
    C   1997
    D   1999

23   There are also several islands, the Channel islands and the Isle of Man, which are closely linked with the United Kingdom but do not form part of it. Is this statemet true or false?

    A   True
    B   False

24   The Labour party privatised the main nationalised industries and public services. Is this statement true of false?

    A   True
    B   False

25   In which year British government promise Home Rule for Ireland?

    A   1913
    B   1916
    C   1921
    D   1922

26   The Church of England was established because the Pope refused to allow Henry VIII to divorce his wife. Is this statement true or false?

    A   True
    B   False

27   Who were the Protestants?

    A   People always involved in protests
    B   People who opposed the king
    C   People who opposed the Pope
    D   People who favoured the Pope

28   Who had the title of Lord Protector?

    A   Charles I
    B   Oliver Cromwell
    C   Sir Robert Walpole
    D   George I

29   When was the slavery abolished throughout the British Empire?
    A   1835
    B   1845
    C   1833
    D   1850

30   The slave trade was fully established by 19th century. Is this statement true or false?

    A   True
    B   False

ANSWER KEY			
Q. #	ANSWER	Q. #	ANSWER
1.	C	16.	C
2.	B	17.	B
3.	D	18.	A
4.	A	19.	B
5.	C	20.	A
6.	D	21.	D
7.	B	22.	B
8.	A	23.	A
9.	D	24.	B
10.	B	25.	A
11.	C	26.	A
12.	A	27.	C
13.	B	28.	B
14.	D	29.	C
15.	B	30.	B

CHAPTER 2

A CHANGING SOCIETY

- Many people living in Britain today have their origins in other countries.

- More recently, people come to Britain to find safety, jobs, and a better life.

- In the 16th and 18th centuries, Huguenots (French Protestants) came to Britain to escape religious persecution in France.

- In the mid – 1840s there was a terrible famine in Ireland and many Irish people migrated to Britain.

- Many Irish men became labourers and helped to build canals and railways across Britain.

- From 1880 to 1910, a large number of Jewish people came to Britain to escape racist attacks (called 'pogroms') in what was then called the Russian Empire and from the countries now called Poland, Ukraine and Belarus.

- After the Second World War (1939-45), there was a huge task of rebuilding Britain. There were not enough people to do the work, so the British government encouraged workers from Ireland and other parts of Europe to come to the UK to help with reconstruction.

- In 1948, people from the West Indies were also invited to come and work.

- The UK encouraged immigration in the 1950s for economic reasons and many industries advertised for workers from overseas.

- آج برطانیہ میں رہنے والے بہت سارے لوگ دوسرے ممالک سے آئے ہوئے ہیں ۔
- حال میں لوگ برطانیہ امن و امان ، نوکری اور بہتر زندگی کی تلاش میں آتے ہیں ۔
- سولہویں اور اٹھارویں صدی میں ہیوج ناٹس (Huguenots) جو کہ فرانسیسی پروٹیسٹنٹ تھے، فرانس میں مذہبی ایذارسانی سے بچنے کے لئے برطانیہ آئے-
- 1840 کی دہائی میں آئرلینڈ میں ہولناک قحط کی وجہ سے وہاں سے بہت سارے لوگ برطانیہ نقل مکانی کر آئے-
- بہت سے آئرش مزدور بن گئے اور برطانیہ میں نہریں اور ریلوے کے بنانے مدد میں کی ۔
- 1880 سے 1910 تک نسلی حملوں (پوگرم) سے بچنے کے لئے یہودیوں کی بڑی تعداد اس وقت کی روسی مملکت جن میں آجکل پولینڈ، یوکرائن اور بیلاروس شامل ہیں، سے برطانیہ آئی-
- دوسری جنگ عظیم کے بعد (45-1939) برطانیہ کو دوبارہ تعمیر کرنا ایک بہت بڑا کام تھا - یہ کام کرنے کے لئے لوگ کافی نہیں تھے ، اس لئے برطانوی حکومت نے آئرلینڈ اور یورپ کے دوسرے حصّوں سے کام کرنے والوں کی حوصلہ افزائی کی کہ وہ یو کے آ کر اس کو دوبارہ تعمیر میں مدد کریں ۔
- 1948 میں ویسٹ انڈیز کے لوگوں کو بھی کام کے لئے بلایا گیا ۔
- 1950 کی دہائی میں معاشی وجہوں کے لئے یو کے نے امیگریشن کی حوصلہ افزائی کی اور بہت ساری صنعتوں نے سمندر پار کے لوگوں کے لئے اشتہار دیے-

- Centres were set up in the West Indies to recruit people to drive buses.

- Textile and engineering firms from the north of England and the Midlands sent agents to India and Pakistan to find workers.

- For about 25 years, people from the West Indies, India, Pakistan and later Bangladesh, travelled to work and settle in Britain.

- The number of people migrating from these areas fell in late 1960s because the government passed new laws to restrict immigration to Britain, although immigrants from 'old' Commonwealth countries such as Australia, New Zealand and Canada did not have to face such strict controls.

- During this time, however, Britain did admit 28,000 people of Indian origin who had been forced to leave Uganda and 22,000 refugees from South East Asia.

- In 1980s, the largest immigrant groups came from the United States, Australia, South Africa, and New Zealand.

- In the early 1990s, groups of people from the former Soviet Union came to Britain looking for new and safer way of life.

- Since 1994, there has been a global rise in mass migration for both political and economic reasons.

- Until 1857, a married woman had no right to divorce her husband.

- Until 1882, when a woman got married, her earnings, property and money automatically belonged to her husband.

- ویسٹ انڈیز میں بسیں چلانے کے لئے لوگ بھرتی کرنے کے لئے سینٹر بنائے گئے –
- شمالی انگلینڈ اور مڈ لینڈز کے ٹیکسٹائل اور انجینرنگ کے اداروں نے ملازمین کی تلاش کیلئے اپنے نمائندے ہندوستان اور پاکستان بھیجے –
- 25 سال تک ویسٹ انڈیز،ہندوستان، پاکستان اور بعد میں بنگلہ دیش کے لوگ برطانیہ میں کام کرنے اور رہنے کی لئے آتے رہے –
- 1960 کے بعد کے سالوں میں ان علاقوں سے آنے والے لوگوں کی تعداد میں کمی آئی، جس کی وجہ برطانیہ میں امیگریشن محدود کرنے کے حکومت کےنئے قوانین تھے - اگرچہ پرانے دولت مشترکہ کے ممالک جیسے کہ آسٹریلیا ، نیوزی لینڈ اور کینیڈا کے لوگوں کو ان پابندیوں کا سامنا نہ کرنا پڑا-
- اس دوران 28,000 ہندوستانی جو کہ یوگینڈا سے زبردستی نکالے گئے تھے اور 22,000 جنوب مشرقی ایشیا کے مہاجروں کو برطانیہ میں داخلے کی اجازت دی گئی-
- 1980 کی دہائی میں مہاجرین کی بڑی تعداد امریکہ، آسٹریلیا، جنوبی افریقہ اور نیوزی لینڈ سے آئی –
- 1990 کی شروع کی دہائی میں سابقہ سوویت یونین سے لوگوں کے گروہ نئی اور بہتر زندگی کی تلاش میں برطانیہ آئے-
- 1994 سے عالمی سطح پر سیاسی اور معاشی وجوہات سے بڑے پیمانے پر نقل مکانی میں اضافہ ہوا ہے –
- 1857 تک ایک شادی شدہ عورت کو یہ حق حاصل نہیں تھا کہ وہ اپنے شوہر کو طلاق دے سکے–
- 1882 تک جب عورت کی شادی ہوتی تو اس کی تنخواہ، املاک اور پیسہ خود بخود اس کے شوہر کا ہو جاتا –

- In the late 19th and early 20th centuries, an increasing number of women campaigned and demonstrated for greater rights and, in particular, the right to vote. They became known as 'Suffragettes'.

- When the First World War ended in 1918, women over the age of 30 were finally given the right to vote and to stand for election to Parliament

- It was not until 1928 that women won the right to vote at 21, at the same age as men.

- During the 1960s and 1970s there was increasing pressure from women for equal rights.

- Parliament passed new laws giving women the right to equal pay and prohibiting employers from discriminating against women because of their sex.

- Women in Britain today make up 51% of the population and 45% of the workforce.

- Research shows that very few people today believe that women in Britain should stay at home and not go out to work.

- Today, almost three-quarters of women with school-age children are in paid work.

- Women still do not always have the same access to promotion and better-paid jobs.

- The average hourly pay rate for women is 20% less than for men.

- In the UK, there are almost 15 million children and young people up to the age of 19. This is almost one-quarter of the UK population.

- انیسویں صدی کے آخر اور بیسویں صدی کے شروع میں خواتین کی بڑی تعداد نے اپنے زیادہ حقوق خاص طور پر ووٹ کے حق کے لئے تحریک چلائی اور مظاہرے کئے۔ وہ ' سفراگیٹس' کے نام سے مشہور ہوئیں۔
- جب پہلی جنگ عظیم کا 1918 میں خاتمہ ہوا تو آخر کار 30 سال سے زیادہ عمر کی خواتین کو ووٹ ڈالنے اور پارلیمنٹ کے الیکشن لڑنے کا حق دیا گیا –
- 1928 میں خواتین 21 سال میں ووٹ ڈالنے کا حق جیتیں ، جیسا کہ مردوں کو حاصل تھا –
- 1960 اور 1970 کی دہایوں میں خواتین کی طرف سے مساوی حقوق کے لئے بہت دباؤ تھا -
- پارلیمنٹ نے نئے قانون بنائے جس کے مطابق خواتین کو برابر تنخواہ کا حق دیا گیا اور مالکان کو خواتین سے امتیازی سلوک سے روکا گیا –
- آج برطانیہ میں خواتین کل آبادی کا 51 فیصد بناتی ہیں اور افرادی قوت کا 45 فیصد –
- ریسرچ سے یہ پتہ چلا کہ بہت کم لوگ آج اس بات پر یقین رکھتے ہیں کہ خواتین کو گھر میں رہنا چاہیے اور کام کرنے لئے باہر نہیں جانا چاہیے۔
- آج تقریباً تین چوتھائی ایسی خواتین، جن کے سکول جانے والےبچے ہوتے ہیں ، کام کرتی ہیں –
- خواتین کو اب بھی ہمیشہ ترقی اور اچھی تنخواہ والی نوکری کے یکساں مواقہ میسّر نہیں ہوتے –
- خواتین کی اوسط گھنٹے کی اجرت مردوں کے مقابلے میں 20 فیصد کم ہے –
- یو کےمیں تقریباً 15 ملین بچے اور نوجوان ہیں جن کی عمر 19 سال تک ہے - یہ برطانیہ کی آبادی کا تقریباً ایک چوتھائی ہے۔

- Today, 65% of children live with both birth parents, almost 25% live in lone-parent families, and 10% live within a stepfamily.

- Most children in Britain receive weekly pocket money from the parents and many get extra money for doing jobs around the house.

- Children in the UK do not play outside the home as they did in the past.

- The law states that children between the ages of 5 and 16 must attend school.

- In England and Scotland, children take national tests in English, mathematics and science when they are 7, 11 and 14 years old.

- In Wales, teachers assess children's progress when they are 7 and 11 and they take a national test at the age of 14.

- Most young people take the General Certificate of Secondary Education (GCSE), or, in Scotland, Scottish Qualifications Authority (SQA) Standard Grade examinations when they are 16.

- At 17 and 18, many take vocational qualifications, General Certificates of Education at an Advanced level (AGCEs) AS level units or Higher/Advanced Higher Grades in Scotland.

- AGCEs are the traditional route for entry to higher education courses, but many higher education students enter with different kinds of qualifications.

- One in three young people now go on to higher education at college or university.

- آج 65 فیصد بچے اپنے دونوں والدین کے ساتھ رہتے ہیں، تقریباً 25 فیصد دونوں میں سے ایک کے ساتھ اور 10 فیصد سوتیلے خاندان کے ساتھ رہتے ہیں -
- برطانیہ میں زیادہ بچوں کو والدین سے ہر ہفتے جیب خرچ ملتا ہے اور بہت سے بچوں کو گھر کے کام کاج کر کے مزید پیسے ملتے ہیں –
- یو کے میں بچے گھر سے باہر نہیں کھیلتے جیسا کہ پہلے ہوتا تھا-
- قانون کے مطابق 5 سے 16 سال تک کی عمر کے بچوں کا سکول جانا لازمی ہے –
- انگلینڈ اور سکاٹ لینڈ میں بچے انگلش، حساب اور سائینس کے ٹیسٹ 7, 11 اور 14 سال کی عمر میں دیتے ہیں –
- ویلز میں ٹیچر7 اور 11 سال کی عمر میں بچوں کے آگے بڑھنے کا تعین کرتے ہیں اور بچے 14 سال کی عمر میں ٹیسٹ دیتے ہیں –
- بہت سے نوجوان 16 سال کی عمر میں جی سی ایس ای (GCSE) یا سکاٹ لینڈ میں ایس کیو اے (SQA) کے امتحان دیتے ہیں –
- 17 اور 18 سال کی عمر میں بہت سے پیشہ وارانہ تعلیم ، اے جی سی ای (AGCE) یا سکاٹ لینڈ میں ہائر گریڈ حاصل کرتے ہیں –
- اے جی سی ای (AGCE) آعلیٰ تعلیم کے داخلے کا ایک روایتی طریقہ ہے لیکن بہت سے آعلیٰ تعلیم کے طلبا مختلف طریقوں سے داخل ہوتے ہیں –
- اب تین میں سے ایک نوجوان آعلیٰ تعلیم کے لئے کالج یا یونیورسٹی میں داخلہ لیتا ہے –

- Some young people defer their university entrance for a year and take a 'gap year'. This year out of education often includes voluntary work and travel overseas.

- It is common for young people to have a part-time job while they are still at school.

- It is thought there are 2 million children at work at any one time.

- The most common jobs are newspaper delivery and work in supermarkets and newsagents.

- By law, it is illegal to sell tobacco products to anyone under 16 years old.

- In some areas, smoking in public buildings and work environments is not allowed.

- Young people under the age of 18 are not allowed to buy alcohol in Britain.

- 'Binge drinking' is drinking excess amount of alcohol at one time.

- It is illegal to be drunk in public and there are now more penalties to help control this problem, including on-the-spot fines.

- As in most countries, it is illegal to possess drugs such as heroin, cocaine, ecstasy, amphetamines and cannabis.

- Current statistics show that half of all young adults, and about a third of the population as a whole, have used illegal drugs at one time or another.

- کچھ نوجوان یونیورسٹی میں داخلے کو ایک سال کے لئے ملتوی کر کے 'گیپ ائر ' لیتے ہیں- تعلیم سے الگ یہ سال اکثر رضاکارانہ کام یا سفر میں گزرتا ہے -
- نوجوانوں کے لئے یہ عام ہے کہ سکول میں ہوتے ہوئے وہ پارٹ ٹائم کام کریں –
- یہ خیال کیا جاتا ہے کہ ایک وقت میں 2 ملین بچے کام کرتے ہیں –
- زیادہ تر کام اخبار بانٹنےاور سپرمارکیٹ یا نیوز ایجنٹ کے ہوتے ہیں –
- 16 سال سے کم عمر کو تمباکو بیچنا غیر قانونی ہے –
- کچھ عمارتوں اور کام کرنے والی جگہوں پر سگریٹ نوشی ممنوع ہے -
- برطانیہ میں 18 سال سے کم عمر شراب نہیں خرید سکتے –
- ایک وقت میں بہت زیادہ مقدار میں شراب پینے کو 'بنج ڈرنکنگ' کہتے ہیں –
- عوامی جگہوں پر شراب پی کر سر مست ہونا غیر قانونی ہے - اس کی روک تھام کے لئےاب زیادہ سزائیں ہیں جن میں موقع پر جرمانے بھی شامل ہیں –
- دوسرے ممالک کی طرح یہ غیر قانونی ہے کہ نشہ آور ادویات جیسے ہیروئن، کوکین ،ایکسٹیسی ،ایمفیٹامن اور کینابس اپنے پاس رکھی جائیں-
- موجودہ اعداد و شمار بتاتے ہیں کہ تمام نوجوانوں کی آدھی تعداد اور پورے برطانیہ کی آبادی کا ایک تہائی کسی نہ کسی وقت نشہ آور ادویات استعمال کر چکے ہیں –

- Young people in Britain can vote in elections from the age of 18.

- In 2001 general election, only 1 in 5 first-time voters used their vote.

- In 2003, a survey of young people in England and Wales showed that they believe the five most important issues in Britain were crime, drugs, war/terrorism, racism and health.

- In the survey, they found that 86% of young people had taken part in some form of community event over the past year, and 50% had taken part in fund-raising or collecting money for charity.

- برطانیہ کے نوجوان 18 سال کی عمر سے الیکشن میں ووٹ ڈال سکتے ہیں ۔

- 2001 کے الیکشن میں پانچ میں سے صرف ایک پہلی مرتبہ ووٹ ڈالنے والوں نے اپنے ووٹ کا استعمال کیا ۔

- 2001 میں انگلینڈ اور ویلز میں نوجوانوں کے ایک سروے کے مطابق برطانیہ کے پانچ سب سے اہم مسائل میں جرم ، نشہ آور ادویات کا استعمال ، جنگ یا دہشت گردی ، نسل پرستی اور صحت کے مسائل شامل ہیں ۔

- سروے میں پتہ چلا کہ   86 فیصد نوجوانوں نے   گزشتہ سال میں کسی طرح کے سماجی کام میں حصّہ   لیا تھا اور 50 فیصد نے چندہ اکٹھا کرنے یا چیریٹی کے لئے پیسہ جمع کرنے میں حصّہ لیا تھا۔

CHAPTER 2

PRACTICE

TEST

1   In 1980 to 1910, the Jews came to Britain to escape

        A   Racist attacks in Jerusalem
        B   Racist attacks in Germany
        C   Racist attacks in Poland, Ukraine and Belarus
        D   Racist attacks in Poland

2   Who were Huguenots?

        A   German Protestants
        B   French Protestants
        C   Russian Protestants
        D   Irish Protestants

3   In 26th and 18th centuries, why did Huguenots come to Britain?

        A   To escape terrible famine
        B   To escape religious persecution
        C   To help build canals
        D   To escape unemployment

4   In mid-1840's there was a terrible famine in which part of the world?

        A   Scotland
        B   Northern Ireland
        C   Ireland
        D   Wales

5   What did Irish migrants do in Britain in the mid-1840s?

        A   Joined armed forces
        B   Built houses
        C   Built canals and railways
        D   Worked in factories

....

6   In which year women were given the right to divorce
        their husbands?
        A   1867
        B   1857
        C   1872
        D   1887
****

7   In which year women were given the right to vote at
        21?
        A   1925
        B   1927
        C   1928
        D   1935
****

8   In Britain, what percentage of the population is made by
        women?
        A   45%
        B   50%
        C   51%
        D   62%
****

9   What percentage of the workforce women make?

        A   50%
        B   51%
        C   35%
        D   45%
****

10   In Britain, there are now more men than women at
        university. Is this statement true or false?

        A   True
        B   False
****

11   It is illegal to sell tobacco under what age?

     A   14 years
     B   15 years
     C   16 years
     D   18 years

12   Young people under what age are not allowed to buy alcohol in Britain?

     A   16 years
     B   18 years
     C   19 years
     D   21 years

13   At what age young people in Britain can vote in elections?

     A   16 years
     B   17 years
     C   18 years
     D   21 years

14   In 2005 what was the population of the United Kingdom?

     A   Just under 60 million
     B   Just under 50 million
     C   Just under 70 million
     D   Just under 40 million

15   The average hourly pay rate for women is 20% less than men. Is this statement true or false?

     A   True
     B   False

16   Who were Suffragettes?

      A   Women who took part in First World War
      B   Women campaigning for right to divorce
      C   Women campaigning for right to vote
      D   Women campaigning against discrimination

17   How many children and young people are there in the UK, up to the age of 19?

      A   10 million
      B   12 million
      C   20 million
      D   15 million

18   What percentage of children live with both parents?

      A   55%
      B   62%
      C   65%
      D   75%

19   What percentage of children live in lone-parent families?

      A   10%
      B   25%
      C   30%
      D   45%

20   In 2001 general elections, only 1in 8 first-time voters used their vote. Is this statement true or false?

      A   True
      B   False

21   What were the five most important issues in Britain in 2003 survey in England and Wales?

     A   Crime, drugs, war, racism, health

     B   Crime, poverty, health, war, education

     C   War, employment, health, education, drugs

     D   Racism, poverty, war, employment, health

22   About a fourth of the population as a whole have used illegal drugs at one time or another. Is this statement true or false?

     A   True

     B   False

23   Drinking in public is not illegal. Is this statement true or false?

     A   True

     B   False

24   How many children are at work at any one time?

     A   1 million

     B   2 million

     C   4 million

     D   5 million

25   More girls smoke than boys. Is this statement true or false?

     A   True

     B   False

26   According to the law children between the ages of 5 and
      16 must attend school. Is this statement true or false?

      A   True
      B   False

****

27   One in four young people now go on to higher education
      at college or university. Is this statement true or false?

      A   True
      B   False

****

28   What is a 'gap year'?

      A   A year out of job
      B   A year out of the country
      C   A year out of education
      D   A year out of home

****

29   A large number of people today believe that women in
      Britain should stay at home and not go out to work. Is this
      statement true or false?

      A   True
      B   False

****

30   Since 1994 there has been a global rise in mass migration
      for both political and economic reasons. Is this statement
      true or false?

      A   True
      B   False

****

ANSWER KEY			
Q. #	ANSWER	Q. #	ANSWER
1.	C	16.	B
2.	B	17.	D
3.	B	18.	C
4.	C	19.	B
5.	C	20.	B
6.	B	21.	A
7.	C	22.	B
8.	C	23.	B
9.	D	24.	B
10.	B	25.	A
11.	C	26.	A
12.	B	27.	B
13.	C	28.	C
14.	A	29.	B
15.	A	30.	A

CHAPTER 3

UK TODAY: A PROFILE

- In 2005, the population of the UK was just under 60 million people.

UK population 2005

England	84% of the population	50.1 million	9% ethnic minority
Scotland	8% of the population	5.1 million	2% ethnic minority
Wales	5% of the population	2.9 million	2% ethnic minority
N Ireland	3% of the population	1.7 million	less than 1% ethnic minority
Total		**59.8 million**	

- Source: National Statistics

- The population has grown by 7.7 % since 1971. The growth has been faster in more recent years.

- A census is a count of the whole population.

- A census has been taken every ten years since 1801, except during the Second World War.

- During census, a form is delivered to every household in the country.

- 2005 میں یو کے کی کل آبادی 60 ملین سے کم تھی –

یو کے کی آبادی 2005

اقلیتی آبادی کا 9 فیصد	50.1 ملین	آبادی کا 84 فیصد	انگلینڈ
اقلیتی آبادی کا 2 فیصد	5.1 ملین	آبادی کا 8 فیصد	سکاٹ لینڈ
اقلیتی آبادی کا 2 فیصد	2.9 ملین	آبادی کا 5 فیصد	ویلز
اقلیتی آبادی کا ایک فیصد سے کم	1.7 ملین	آبادی کا 3 فیصد	نادرن آئر لینڈ
	59.8 ملین		کل

- ذریعہ: قومی شماریات

- 1971 سے آبادی میں اضافہ 7.7 فیصد کے تناسب سے ہوا ہے - حالیہ سالوں میں آبادی میں اضافہ زیادہ تیزی سے ہوا ہے –

- سینسس یا مردم شماری تمام آبادی کا شمار کرنا ہے –

- 1801 سے مردم شماری ہر دس سال بعد ہوتی آئی ہے ماسوائے دوسری جنگ عظیم کے دوران –

- مردم شماری کے دوران ہر کنبے کو ایک فارم بھیجا جاتا ہے –

- This form asks for detailed information about each member of the household and must be completed by law.

- The information remains confidential and anonymous; it can be released to the public after 100 years.

- The UK population is ethnically diverse and is changing rapidly, especially in large cities such as London.

- People of Indian, Pakistani, Chinese, Black Caribbean, Black African, Bangladeshi and mixed ethnic descent make up to 8.3% of the UK population.

- The figures from the 2001 census show that most members of the large ethnic minority groups in the UK live in England, where they make up 9% of the total population.

- 45% of all ethnic minority people live in the London area, where they form nearly one-third of the population (29%).

- The UK is a medium-sized country.

- The longest distance on the mainland, from John O'Groats on the north coast of Scotland to Land's End in the south-west corner of England, is about 870 miles (1,400 kilometres).

- The English language has many accents and dialects. Well-known dialects in England are Geordie (Tyneside), Scouse (Liverpool) and Cockney (London).

- In Wales, an increasing number of people speak Welsh, which is taught in schools and universities.

- اس فارم میں کنبے کے ہر شخص کی تفصیلی معلومات دینی ہوتی ہیں اور اسے بھرنا قانوناً لازمی ہے -
- تمام تفصیلات خفیہ رکھی جاتی ہیں - یہ تفصیلات سو سال بعد عوام پر افشا کی جا سکتی ہیں -
- یو کے کی آبادی مختلف نسلوں پر مشتمل ہے اور یہ بدلتی رہتی ہے ، خصوصاً بڑے شہروں میں جیسے لندن -
- ہندوستانی ، پاکستانی، چینی، سیاہ فام کیریبین ، سیاہ فام افریقی ، بنگلادیشی اور ملی جلی نسلوں کے لوگ مل کر برطانیہ کی آبادی کا 8.3 فیصد بناتے ہیں-
- 2001 کی مردم شماری سے پتہ چلتا ہے کہ بڑی اقلیتی آبادیوں کے زیادہ تر لوگ انگلینڈ میں رہتے ہیں ، جہاں وہ کل آبادی کا 9 فیصد بناتے ہیں-
- ساری اقلیتی آبادی کے 45 فیصد لوگ لندن میں رہتے ہیں، جہاں وہ کل آبادی کا تقریباً ایک تہائی، جو کہ 29 فیصد ہے، بناتے ہیں-
- یوکے ایک درمیانے سائز کا ملک ہے -
- زمین پر طویل ترین فاصلہ، جو کہ سکاٹ لینڈ کے شمالی ساحل جان او گروٹس سے لے کر انگلینڈ کے جنوب مغربی حصّے لینڈز اینڈ تک ہے، 870 میل ہے جو کہ 1400 کلومیٹر بنتا ہے-
- انگریزی زبان کے بہت سارے لہجے اور بولیاں ہیں - انگلینڈ کی مشہور بولیوں میں جارڈی (تائین سائڈ)، سکاؤس (لیور پول) اور کاکنی (لندن) شامل ہیں -
- ویلز میں بہت سارے لوگ ویلش بولتے ہیں جو کہ سکولوں اور یونیورسٹیوں میں بھی پڑھا ئی جا تی ہے -

- In Scotland, Gaelic is spoken in some parts of the Highlands and Islands.

- In Northern Ireland, a few people speak Irish Gaelic.

- Some of the dialects of English spoken in Scotland show the influence of the old Scottish language, Scots.

- One of the dialects spoken in Northern Ireland is called Ulster Scots.

- Although the UK is historically a Christian society, everyone has the legal right to practise the religion of their choice.

- In the 2001 census, just over 75% said they had a religion: 7 out of 10 of these were Christians.

- Currently only around 10% of the population attend religious services.

- More people attend services in Scotland and Northern Ireland than in England and Wales.

- The official church of the state is the Church of England.

- The Church of England is called the Anglican Church in other countries and the Episcopal Church in Scotland and in the USA.

- The Church of England is a Protestant church and has existed since the Reformation in the 1530s.

- The King or queen (the monarch) is the head, or Supreme Governor, of the Church of England.

- سکاٹ لینڈ میں ہائی لینڈز اور آئی لینڈز کے کچھ حصوں میں گیلک بولی جاتی ہے –
- نادرن آئرلینڈ میں کچھ لوگ آئرش گیلک بولتے ہیں –
- سکاٹ لینڈ میں انگلش کی کچھ مقامی زبانوں پر پرانی سکاٹش زبان، سکاٹس، کا اثر نظر آتا ہے –
- نادرن آئر لینڈ میں بولی جانے والی ایک مقامی زبان کو السٹر سکاٹس کہتے ہیں -
- باوجودیکہ تاریخی لحاظ سے یو کے ایک عیسائی سوسائٹی ہے، یہاں پر ہر ایک کو یہ قانونی حق حاصل ہے کہ وہ اپنی پسند کے مذہب پر عمل پیرا ہو –
- 2001 کی مردم شماری کے مطابق 75 فیصد لوگوں نے کہا کہ ان کا کوئی مذہب ہے،ان میں 10 میں سے 7 عیسائی تھے –
- حالیہ دور میں صرف 10 فیصد کے قریب لوگ مذہبی رسومات میں حصّہ لیتے ہیں –
- انگلینڈ اور ویلز کے مقابلے میں سکاٹ لینڈ اور نادرن آئر لینڈ کے رہنے والے لوگ زیادہ مذہبی رسومات میں حصّہ لیتے ہیں –
- چرچ آف انگلینڈ ریاست کا سرکاری چرچ ہے –
- دوسرے ممالک میں چرچ آف انگلینڈ کو اینگلیکن چرچ اور سکاٹ لینڈ اور امریکہ میں ایپیسکوپل چرچ کہتے ہیں –
- چرچ آف انگلینڈ پروٹیسٹنٹ چرچ ہے جس کا وجود 1530 کی دہائی سے ہے –
- چرچ آف انگلینڈ کا ہیڈ یا سپریم گورنر اس وقت کا بادشاہ یا ملکہ (فرمانروا) ہوتا ہے –

- The monarch is not allowed to marry anyone who is not Protestant.

- The spiritual leader of the Church of England is the Archbishop of Canterbury.

- The monarch has the right to select the Archbishop and other senior church officials, but usually the choice is made by the Prime Minister and a committee appointed by the Church.

- In Scotland, the established church is the Presbyterian Church; its head is the Chief Moderator.

- There is no established church in Wales or in Northern Ireland.

- Other Protestant Christian groups in the UK are Baptists, Presbyterians, Methodists and Quakers.

- 10% of Christians (in Britain) are Roman Catholic (40% in Northern Ireland).

- England, Scotland, Wales and Northern Ireland each have a national saint called patron saint.

- Each saint had a feast day. In the past, these were celebrated as holy days, when many people had a day off work. Today these are not public holidays except for 17 March in Northern Ireland.

- There are also four public holidays a year called Bank Holidays. These are of no religious or national significance.

- فرمانروا کو یہ اجازت نہیں کہ وہ کسی ایسے سے شادی کرے جو پروٹیسٹنٹ نہیں –
- آرچ بشپ آف کینٹربری چرچ آف انگلینڈ کے روحانی پیشوا ہیں -
- فرمانروا کو یہ حق حاصل ہے کہ وہ آرچ بشپ اور چرچ کے دوسرے سینئر لوگوں کا انتخاب کرے ، لیکن عام طور پر اس میں پرائم منسٹر اورچرچ کی ایک کمیٹی کی مرضی شامل ہوتی ہے-
- پریسبائیٹیرین چرچ ، سکاٹ لینڈ کا قایم شدہ چرچ ہے - اس کے ہیڈ کو چیف ماڈریٹر کہتے ہیں –
- ویلز اور نادرن آئر لینڈ میں کوئی قائم شدہ چرچ نہیں –
- یو کے میں دوسرے پروٹیسٹنٹ عیسائی گروہوں میں باپٹسٹ ، پریسبائی ٹیرین، متھاڈسٹ اور کوئکرز شامل ہیں –
- (برطانیہ کے) 10 فیصد عیسائی رومن کیتھولک ہیں - نادرن ائر لینڈ میں 40 فیصد ہیں-
- انگلینڈ ،سکاٹ لینڈ، ویلز اور نادرن آئر لینڈ سب کااپنا قومی روحانی پیشوا ہوتا ہے جسے پیٹرن سینٹ کہتے ہیں –
- ہر روحانی پیشوا کا اپنا تہوار کا دن ہوتا ہے - ماضی میں ان کو مقدّس دن سمجھ کر منایا جاتا تھا ، جب بہت سے لوگ چھٹی کرتے تھے - آجکل ان دنوں میں چھٹی نہیں ہوتی ماسوائے 17 مارچ کے جب نادرن آئر لینڈ میں چھٹی ہوتی ہے –
- سال میں چار چھٹیاں بھی ہوتی ہیں جنھیں بینک ہالیڈے کہا جاتا ہے - ان کی کوئی مذہبی یا قومی اہمیت نہیں –

- Throughout the year, there are festivals of art, music and culture, such as the Notting Hill Carnival in West London and the Edinburgh Festival.

- Customs and traditions from various religions, such as Eid-ul-Fitr (Muslim), Diwali (Hindu) and Hanukkah (Jewish) are widely recognised in the UK.

- 25 December, celebrates the birth of Jesus Christ. It is a public holiday.

- Many Christians go to the church on Christmas eve (24 December) or on the Christmas Day itself.

- Boxing Day, 26 December, is the day after Christmas. It is a public holiday.

- 1 January is a public holiday. People usually celebrate on the night of 31 December.

- In Scotland, 31 December is called Hogmanay and 2 January is also a public holiday.

- 14 February is Valentine's Day, when lovers exchange cards and gifts.

- 1 April is April Fool's Day, when people play jokes on each other until midday.

- The Sunday three weeks before Easter is Mother's Day, when children send cards or buy gifts for their mothers.

- سارا سال فن، موسیقی اور ثقافتی میلے ہوتے ہیں ، جیسے کہ مغربی لندن میں ناٹنگ ہل کارنیول اور ایڈنبرا میلہ ہے –
- مختلف مذاہب کے رسم و رواج اور روایات جیسے مسلمانوں کی عیدالفطر ، ہندؤں کی دیوالی اور یہودیوں کا ھنوکہ یو کے میں کافی مقبول ہیں –
- 25 دسمبر کو حضرت عیسي کا یوم پیدائش منایا جاتا ہے جسے کرسمس کہتے ہیں- اس دن چھٹی ہوتی ہے –
- بہت سے عیسائی کرسمس ایو یعنی 24 دسمبر یا کرسمس کے دن چرچ جاتے ہیں –
- کرسمس کے اگلے دن یعنی 26 دسمبر کو باکسنگ ڈے منایا جاتا ہے - اس دن چھٹی ہوتی ہے –
- یکم جنوری کو چھٹی ہوتی ہے - 31 دسمبر کی رات کو لوگ نئے سال کی خوشی میں جشن مناتے ہیں –
- سکاٹ لینڈ میں 31 دسمبر کو ہاگ مینے کہتے ہیں اور 2 جنوری کو بھی چھٹی ہوتی ہے –
- 14 فروری کو ویلینٹاین ڈے منایا جاتا ہے - اس دن محبت کرنے والے ایک دوسرے کو کارڈز اور تحفے دیتے ہیں –
- یکم اپریل کو اپریل فول ڈے منایا جاتا ہے -اس دن لوگ دوپہر تک ایک دوسرے کو بیوقوف بناتے ہیں –
- مدرز ڈے ایسٹر سے تین ہفتے پہلے اتوار کے دن منایا جاتا ہے – اس دن بچے اپنی ماؤں کے لئے کارڈز اور تحفے خریدتے ہیں –

- 31 October is Halloween, which is a very ancient festival. Young people will often dress up in frightening costumes to play 'trick or treat'.

- 5 November is Guy Fawkes Night. It is an occasion when people in Great Britain set off fireworks at home or in special displays. The origin of this celebration was an event in 1605, when a group of Catholics led by Guy Fawkes failed in their plan to kill the Protestant king with a bomb in the Houses of Parliament.

- 11 November is Remembrance Day. It commemorates those who died in the First and Second World Wars, and other wars. Many people wear poppies in memory of those who died. At 11 a.m., there is a two-minute silence.

- Important sporting events include the Grand National horse race, the Football Association (FA) cup final (and equivalents in Northern Ireland, Scotland and Wales), the Open golf championship and the Wimbledon tennis tournament.

- 31 اکتوبر کو ہیلووین منایا جاتا ہے جو کہ بہت قدیم تہوار ہے - اس دن بچے خوفزدہ کر دینے والے پوشاک زیب تن کرتے ہیں اور ' ٹرک یا ٹریٹ ' کھیلتے ہیں –

- 5 نومبر کو گائے فاکس نائٹ منائی جاتی ہے - اس موقع پر برطانیہ میں لوگ پٹاخے چلاتے ہیں - یہ اس واقعہ کی یاد دلاتی ہے جب 1605 میں ایک کیتھولک گروہ نے گائے فاکس نامی ایک شخص کی سربراہی میں پارلیمنٹ ہاؤس میں پروٹیسٹنٹ بادشاہ کو بم سے اڑانے کا ناکام منصوبہ بنایا تھا –

- 11 نومبر کو ریممبرنس ڈے منایا جاتا ہے، ان کی یاد میں جو پہلی اور دوسری جنگ عظیم اور دوسری جنگوں میں مارے گئے- اس دن بہت سارے لوگ سرخ رنگ کے پوپی کے پھول لگاتے ہیں - مرنے والوں کی یاد میں دن کے 11 بجے 2 منٹ کی خاموشی اختیار کی جاتی ہے –

- کھیلوں کے اہم مقابلوں میں گرینڈ نیشنل ہارس ریس، فٹبال ایسوسی ایشن (ایف اے) کپ فائنل (اور نادرن آئرلینڈ ، سکاٹ لینڈ اور ویلز میں مساوی مقابلے)، اوپن گالف چیمپین شپ اور ومبلڈن ٹینس ٹورنامنٹ شامل ہیں -

UK population 2001		
	Million	UK population %
White (including people of European, Australian, American descent)	54.2	92
Mixed	0.7	1.2
Asian or Asian British		
Indian	1.1	1.8
Pakistani	0.7	1.3
Bangladeshi	0.3	0.5
Other Asian	0.2	0.4
Black or Black British		
Black Caribbean	0.6	1.0
Black African	0.5	0.8
Black other	0.1	0.2
Chinese	0.2	0.4
Other	0.2	0.4

- Source: National Statistics from the 2001 census

یو کے کی آبادی 2001	ملین	برطانوی آبادی کا فیصد
سفید فام (ان میں یوروپین ، آسٹریلین ، امریکی نسل بھی شامل ہے)	54.2	**92**
ملے جلے	0.7	**1.2**
ایشیائی یا برٹش ایشیائی		
ہندوستانی	1.1	**1.8**
پاکستانی	0.7	**1.3**
بنگلادیشی	0.3	**0.5**
دوسرے ایشیائی	0.2	**0.4**
سیاہ فام یا برٹش سیاہ فام		
سیاہ فام کیریبین	0.6	**1.0**
سیاہ فام افریقی	0.5	**0.8**
دوسرے سیاہ فام	0.1	**0.2**
چینی	0.2	**0.4**
دوسرے	0.2	**0.4**

- ذریعہ: 2001 مردم شماری کے نیشنل سٹیٹسٹکس

Proportion of the ethnic minority groups in the countries of the UK

England	9%
Scotland	2%
Wales	2%
Northern Ireland	Less than 1%

Patron saints' days

St. David's day, Wales	1 March
St. Patrick's day, Northern Ireland	17 March
St. George's day, England	23 April
St. Andrew's day, Scotland	30 November

یو کے کے ممالک میں نسلی گروہوں کا تناسب

انگلینڈ	9 فیصد
سکاٹ لینڈ	2 فیصد
ویلز	2 فیصد
نادرن آئر لینڈ	ایک فیصد سے کم

روحانی پیشواؤں کے دن

سینٹ دیوڈز ڈے, ویلز	1 مارچ
سینٹ پیٹرکس ڈے, نادرن آئر لینڈ	17 مارچ
سینٹ جارجز ڈے, انگلینڈ	23 اپریل
سینٹ انڈریوز ڈے, سکاٹ لینڈ	30 نومبر

Religions in the UK	%
Christians (10% of whom are Roman Catholic)	71.6
Muslim	2.7
Hindu	1.0
Sikh	0.6
Jewish	0.5
Buddhist	0.3
Other	0.3
Total All	77
No religion	15.5
Not stated	7.3

- Source: National Statistics from the 2001 census

یو کے کے مذاہب	فیصد
عیسائی (جس کے ۱۰ فیصد رومن کیتھولک ہیں)	71.6
مسلمان	2.7
ہندو	1.0
سکھ	0.6
یہودی	0.5
بدھ مذہب کے پیروکار	0.3
دوسرے	0.3
سب ملا کر	77
کوئی عقیدہ نہیں	15.5
ظاہر نہیں کیا	7.3

- ذریعہ: 2001 مردم شماری کے نیشنل سٹیٹسٹکس

CHAPTER 3

PRACTICE

TEST

1   Welsh is widely spoken in which of the following regions?

    A   Ireland

    B   Eastern England

    C   Wales

    D   Highlands

2   Which of the following languages is spoken by a few people in Northern Ireland?

    A   Welsh

    B   Irish Gaelic

    C   Gaelic

    D   All of the above

3   Which language is spoken by the people in Scotland?

    A   Irish Gaelic

    B   Gaelic

    C   Irish

    D   Welsh

4   In which part of England is Ulster Scots is spoken?

    A   Scotland

    B   Highlands and Islands

    C   Northern Ireland

    D   Wales

5   What society is the United Kingdom, historically?

    A   Hebrew

    B   Jewish

    C   Hindu

    D   Christian

6   In the UK everyone has the legal right to practise the religion of their choice. Is this statement true or false?
        A   True
        B   False

****

7   According to 2001 census, what percentage of people had a religion?
        A   88%
        B   92%
        C   60%
        D   75%

****

8   How many Christians were there according to 2001 census?
        A   4 out of 10
        B   7 out of 10
        C   3 out of 10
        D   8 out of 10

****

9   What percentage of population attend the religious services?
        A   5%
        B   17%
        C   10%
        D   20%

****

10   More people attend religious services in which of the following areas?
        A   Scotland and Northern Ireland
        B   England
        C   Wales
        D   Both B and C

****

11   What is the percentage of Christians in the UK?

      A   70.2%
      B   68.9%
      C   71.6%
      D   87.7%

12   What percentage of Muslims are there in the UK?

      A   7.2%
      B   2.7%
      C   4.3%
      D   6.1%

13   What is the percentage of Hindus in the UK?

      A   1.1%
      B   2.5%
      C   1.0%
      D   2.1%

14   What is the percentage of Sikhs in the UK?

      A   0.6%
      B   0.3%
      C   0.8%
      D   1.7%

15   What is the percentage of Jews in the UK?

      A   0.3%
      B   1.7%
      C   0.5%
      D   1.2%

16   What percentage of Buddhists are there in the UK?

     A   0.1%
     B   0.7%
     C   0.3%
     D   0.9%

****

17   What percentage of people do not have any religion in the UK?

     A   10.0%
     B   13.4%
     C   15.5%
     D   18.7%

****

18   In England, the official church of the State is the Church of England. Is this statement true or false?

     A   True
     B   False

****

19   The Church of England is called the Anglican Church in other countries. Is this statement true or false?

     A   True
     B   False

****

20   In USA, the Church of England is called Episcopal Church. Is this statement true or false?

     A   True
     B   False

****

21   Who is the head of the Church of England?

   A   The monarch
   B   Spiritual leader
   C   Senior church official
   D   The Pope

22   Since when has the Church of England existed?

   A   1503
   B   1534
   C   1530
   D   1504

23   Who is the Monarch only allowed to marry?

   A   A Roman Catholic
   B   A Protestant
   C   Any one
   D   A monarch family member

24   The Archbishop of Canterbury is the Spiritual leader of the Church of England. Is this statement true or false?

   A   True
   B   False

25   Who has the right to select the Archbishop?

   A   Prime Minister
   B   Church Officials
   C   Monarch
   D   Parliament

26   What is the title of the monarch in the Church of England?

        A   Supreme Governor
        B   Supreme Leader
        C   Supreme Priest
        D   Archbishop of Canterbury

****

27   In Scotland, the established church is the Presbyterian Church. Is this statement true or false?

        A   True
        B   False

****

28   The Chief Moderator is the head of the Presbyterian Church in Scotland. Is this statement true or false?

        A   True
        B   False

****

29   How many bank holidays are there in the UK?

        A   Six
        B   Eight
        C   Four
        D   Ten

****

30   What is the national saint called in the UK?

        A   Holy man
        B   Archbishop
        C   Patron Saint
        D   Priest

****

ANSWER KEY			
Q. #	ANSWER	Q. #	ANSWER
1.	C	16.	C
2.	B	17.	C
3.	B	18.	A
4.	C	19.	A
5.	D	20.	A
6.	A	21.	A
7.	D	22.	C
8.	B	23.	B
9.	C	24.	A
10.	A	25.	C
11.	C	26.	A
12.	B	27.	A
13.	C	28.	A
14.	A	29.	C
15.	C	30.	C

CHAPTER 4

HOW THE UNITED KINGDOM IS GOVERNED

- The British Constitution is not written down in any single document, as are the constitutions of many other countries.

- Queen Elizabeth II is the Head of State of the United Kingdom. She is also the monarch or Head of State for many countries in the Commonwealth.

- The UK, like Denmark, the Netherlands, Norway, Sweden and Spain, has a constitutional monarchy.

- Constitutional monarchy means that the king or queen does not rule the country, but appoints the government, which the people have chosen in democratic elections.

- The Queen has reigned since her father's death in 1952.

- Prince Charles, the Prince of Wales, her oldest son, is the heir to the throne.

- The Queen has important ceremonial roles such as the opening of the new parliamentary session each year.

- The system of government in the United Kingdom is a parliamentary democracy.

- The UK is divided into 646 parliamentary constituencies.

- At least every five years voters in each constituency elect their Member of Parliament or MP in a general election.

- All of the elected MPs form the House of Commons.

- برطانیہ کے قوانین ریاست، بہت سے دوسرے ممالک کی طرح لکھی ہوئی شکل میں نہیں-

- ملکہ الزبتھ دوئم برطانیہ کی ہیڈ ہیں - وہ بہت سے دوسرے کامن ویلتھ ممالک کی بھی ہیڈ ہیں –

- یوکے میں دوسرے ملکوں کی طرح جن میں ڈنمارک، نیدرلینڈز، ناروے، سپین اور سویڈن شامل ہیں ، بادشاہی راج رائج ہے –

- بادشاہی راج کا مطلب یہ ہے کہ بادشاہ یا ملکہ ملک نہیں چلاتے بلکہ اس پارٹی کی حکومت مقرّر کرتے ہیں جو الیکشن میں جیت کر آتی ہے –

- ملکہ 1952 سے، جب ان کے والد کا انتقال ہوا تھا، راج کر رہی ہیں –

- پرنس چارلس ،پرنس آف ویلز ، جو ملکہ کے بڑے بیٹے ہیں ،مستقبل کی بادشاہت کے وارث ہیں –

- ملکہ ہر سال نئے پارلیمانی اجلاس کا افتتاح کرتی ہیں –

- برطانیہ میں پارلیمانی جمہوری نظام حکومت ہے –

- یو کے کو 646 پالیمانی حلقوں میں بانٹا گیا ہے

- ہر پانچ سال بعد ووٹرز اپنے حلقے میں اپنا پارلیمانی نمائندہ، جسے ایم پی کہتے ہیں ، چنتے ہیں –

- تمام چنے ہوئے ایم پی مل کر ہاؤس آف کامنز بناتے ہیں –

- The party with the largest number of MPs forms the government.

- The House of Commons is the more important of the two chambers in the Parliament, and its members are democratically elected.

- A Bill to change frequency of general elections is the only one to which House of Lords must give its consent.

- If an MP dies or resigns, there will be another election, called a by-election, in his or her constituency.

- The MPs are elected through 'first past the post' system.

- The Whips are a small group of MPs appointed by their party leaders.

- Whips are responsible for discipline in their party and making sure that MPs attend the House of Commons to vote.

- Elections for the European Parliament are also held every five years.

- There are 78 seats for representatives from the UK in the European Parliament and elected members are called Members of European Parliament (MEPs).

- Elections to the European parliament use a system of proportional representation, whereby seats are allocated to each party in proportion to the total votes it won.

- Members of the House of Lords, known as peers, are not elected and do not represent a constituency.

- جس پارٹی کے سب سے زیادہ ایم پی ہوتے ہیں وہ حکومت بناتی ہے –
- ہاؤس آف کامنز اور ہاؤس آف لارڈز میں سے ہاؤس آف کامنز زیادہ اہم ہے اور اس کے ممبرز جمہوری طریقے سے چنے جاتے ہیں –
- ایسا بل جو الیکشن کی مدت بدل سکے وہ واحد بل ہے جس کے لئے ہاؤس آف لارڈز کی منظوری لازمی ہے-
- اگر کسی ایم پی کا انتقال ہو جائے یا وہ استعفیٰ دے دے تو اس حلقے میں دوبارہ الیکشن ہوتا ہے جسے بائی الیکشن کہتے ہیں-
- ایم پیز 'فرسٹ پاسٹ دا پوسٹ' سسٹم کے تحت چنے جاتے ہیں –
- وہپس ایم پیز کا ایک چھوٹا گروپ ہوتا ہے جسے ان کا پارٹی لیڈر چنتا ہے –
- وہپس کا کام پارٹی میں نظم و ضبط برقرار رکھنا اور اس بات کی یقین دہانی کرانا ہوتا ہے کہ ایم پیز ہاؤس آف کامنز میں ووٹ ڈالنے جائیں –
- یورپین پارلیمنٹ کے الیکشن بھی ہر پاچ سال بعد منعقد ہوتے ہیں –
- یو کے کے نمائندہ گان کی یورپین پارلیمنٹ میں 78 سیٹیں ہیں اور انہیں ممبرز آف یورپین پارلیمنٹ یا ایم ای پیز کہا جاتا ہے –
- یورپین پارلیمنٹ میں متناسب نمائیندگی کا سسٹم استعمال ہوتا ہے جس کے مطابق ہر پارٹی کو سیٹیں اس کے جیتے ہوئے ووٹوں کی مناسبت سے دی جاتی ہیں –
- ہاؤس آف لارڈز کے ممبران جنھیں پیرز کہا جاتا ہے، نہ تو چنے ہوئے ہوتے ہیں اور نہ ہی وہ کسی حلقے کی نمائیندگی کرتے ہیں –

- Until 1958, all peers were either 'hereditary', meaning that their titles were inherited, senior judges, or bishops of the Church of England.

- Since 1958, the Prime Minister has had the power to appoint peers just for their own lifetime.

- Life peers are appointed by the Queen on the advice of the Prime Minister.

- The Prime Minister is the leader of the political party in power.

- The official home of the Prime Minister is 10 Downing Street. He or she also has a country house not far from London called Chequers.

- The Prime Minister appoints about 20 senior MPs to become ministers in charge of departments.

- These include the Chancellor of the Exchequer, responsible for the economy, the Home Secretary, responsible for law, order and immigration, the Foreign Secretary responsible for Foreign Affairs, and ministers (called 'Secretaries of State') for education, health and defence.

- The second largest party in the House of Commons is called the Opposition.

- The Leader of the Opposition is the person who hopes to become Prime Minister if his or her party wins the next general elections.

- Debates in the House of Commons are chaired by the Speaker. Speaker is politically neutral.

- Under the British system of parliamentary democracy, anyone can stand for election as an MP.

- 1958 تک تمام پیرز یا تو موروثی تھے یا سینئیر جج یا چرچ آف انگلینڈ کے بشپ تھے –
- 1958 سے پرائم منسٹر کے پاس اتنا اختیار ہے کہ وہ اپنی زندگی تک کے لئے پیرز چنے –
- لائف پیرز پرائم منسٹر کے مشورے سے ملکہ چنتی ہیں –
- پرائم منسٹر اس پولیٹیکل پارٹی کا لیڈر ہوتا ہے جو حکومت چلاتی ہے –
- 10 ڈاؤننگ سٹریٹ پرائم منسٹر کی سرکاری رہائش گاہ ہے - پرائم منسٹر کا لندن کے قریب ایک کنٹری ہاؤس بھی ہوتا ہے جسے چیکرز کہتے ہیں –
- پرائم منسٹر 20 سینئیر ایم پیز کو منسٹر چن کر مختلف ادارے ان کے سپرد کرتا ہے –
- ان میں چانسلر آف اکسچیکر جو معاشیات کا ذمہ دار ،ہوم سیکرٹری جو قانون، نظم و ضبط اور امیگریشن کا ذمہ دار ،فارن سیکریٹری جو امور خارجہ کا ذمہ دار اور منسٹرز جنھیں سیکرٹری آف سٹیٹ کہتے ہیں تعلیم، صحت عامہ اور دفاع کے ذمہ دار ہوتے ہیں –
- ہاؤس آف کامنز میں دوسری بڑی پارٹی اپوزیشن یا حزب اختلاف کہلاتی ہے –
- اپوزیشن لیڈر اگلے الیکشن میں جیتنے کی صورت میں پرائم منسٹر بننے کا امیدوار ہوتا ہے-
- ہاؤس آف کامنز میں تمام بحثوں کی صدارت سپیکر کرتا ہے جو سیاسی طور پر غیر جانب دار ہوتا ہے –
- برطانیہ کے پالیمانی جمہوری نظام کے تحت کوئی بھی ایم پی کا الیکشن لڑ سکتا ہے –

- The major political parties are the Labour Party, the Conservative Party, the Liberal Democrats, or one of the parties representing Scottish, Welsh, or Northern Irish interests.

- Pressure and lobby groups are organisations that try to influence government policy.

- The general public is more likely to support pressure groups than join a political party.

- Civil servants are managers and administrators who carry out government policy.

- The National Assembly for Wales is situated in Cardiff, the capital of Wales.

- Welsh Assembly has 60 Assembly Members (AMs) and elections are held every four years.

- A long campaign in Scotland for more independence and democratic control led to the formation in 1999 of the Parliament of Scotland, which sits in Edinburgh, the capital city of Scotland.

- There are 129 Members of the Scottish Parliament (MSPs).

- A Northern Ireland Parliament was established in 1922 when Ireland was divided, but it was abolished in 1972 shortly after the Troubles broke out in 1969.

- The Assembly has 108 elected members known as Members of the Legislative Assembly (MLAs).

- بڑی سیاسی جماعتوں میں لیبر پارٹی، کنزرویٹو پارٹی، لبرل ڈیمو کریٹس یا وہ پارٹیاں جو سکاٹش ، ویلش اور نادرن آئرلینڈ کے لئے کام کرتی ہیں شامل ہیں –
- پریشر اور لابی گروپس ایسی تنظیمیں ہوتی ہیں جو گورنمنٹ کی پالیسی پر اثر انداز ہونے کی کوشش کرتی ہیں –
- عوام کسی سیاسی پارٹی سے وابستگی کی بجائے پریشر گروپ کی حمایت کرنے کو ترجیح دیتے ہیں–
- سول سرونٹ ایسے منتظم ہوتے ہیں جو حکومت کی پالیسی پر عملدرآمد کرتے ہیں –
- ویلز کی نیشنل اسمبلی ویلز کے دارالحکومت کارڈف میں واقع ہے-
- ویلش اسمبلی کے 60 اسمبلی ممبران ہیں، جنھیں اے ایم کہتے ہیں اور الیکشن ہر چار سال بعد منعقد ہوتے ہیں –
- سکاٹ لینڈ میں زیادہ خود مختاری اور جمہوریت کے لئے طویل جدوجہد کی وجہ سے 1999 میں سکاٹ لینڈ کی پارلیمنٹ وجود میں آئی- یہ سکاٹ لینڈ کے شہر ایڈنبرا میں بیٹھتی ہے –
- سکاٹش پارلیمنٹ کے 129 ممبران ہیں جنھیں ایم ایس پی کہا جاتا ہے –
- نادرن آئرلینڈ کی پارلیمنٹ 1922 میں وجود میں آئی جب آئرلینڈ کے ٹکڑے ہوئے مگر 1969 کے حالات خراب ہونے کے تھوڑے عرصے بعد 1972 میں اسے ختم کر دیا گیا –
- اس (نادرن آئرلینڈ کی) اسمبلی کے 108 ممبران ہیں جنھیں ممبرز آف لیجسلیٹو اسمبلی یا ایم ایل اے کہا جاتا ہے –

- The UK government kept the power to suspend the Northern Ireland Assembly if the political leaders no longer agreed to work together or if the Assembly was not working in the interests of the people of Northern Ireland. This has happened several times and the Assembly is currently suspended (2006).

- Towns, cities and rural areas in the UK are governed by democratically elected councils, often called local authorities.

- Most of the money for the local authority services comes from the government through taxes. Only about 20% is funded through 'council tax'.

- In the UK, the laws made by Parliament are the highest authority.

- Often the actions of the government are claimed to be illegal and, if the judges agree, then the government must either change its policies or ask Parliament to change the law.

- If the judges believe that an Act of Parliament is incompatible with the Human Rights Act, they cannot change it themselves but they can ask Parliament to consider doing so.

- Judges cannot, however, decide whether people are guilty or innocent of serious crimes.

- When someone is accused of a serious crime, a jury will decide whether he or she is innocent or guilty and, if guilty, the judge will decide on penalty.

- For less important crimes, a magistrate will decide on guilt and on any penalty.

- The largest force is the Metropolitan Police, which serves London and is based at New Scotland Yard.

- یو کے کی حکومت نے یہ طاقت اپنے پاس رکھی ہے کہ اگر نادرن آئرلینڈ کے سیاسی لیڈر آپس میں متفق نہ ہوں یا اسمبلی وہاں کے لوگوں کی بھلائی کے لئے کام نہ کر رہی ہو تو اسمبلی کو معطل کر دے - یہ کئی مرتبہ ہو چکا ہے اور اسمبلی اب بھی معطل ہے(2006)-

- یوکے کے قصبے ،شہر اور دیہی علاقوں کا نظام جمہوری طور پر چنی ہوئی کونسل چلاتی ہیں جنھیں لوکل اتھارٹی کہا جاتا ہے –

- لوکل اتھارٹی کا زیادہ پیسہ حکومت ٹیکسوں سے ادا کرتی ہے - کونسل ٹیکس سے صرف 20 فیصد پیسہ آتا ہے –

- یو کے میں پارلیمنٹ کے بنائے گئے قوانین کی سب سے زیادہ اہمیت ہے-

- اکثر (جب) حکومت کے فعل غیر قانونی سمجھے جاتے ہیں، (تو) اگر جج صاحبان اس پر متفق ہوں تو یا تو حکومت کو اپنی پالیسی بدلنی پڑتی ہے یا پارلیمنٹ سے کہہ کر قانون بدلنا پڑتا ہے –

- اگر جج صاحبان کو یہ یقین ہو کہ پارلیمنٹ کا کوئی فعل ادارہ برائے انسانی حقوق کے ایکٹ سے متضاد ہے، تو وہ خود اسے بدل نہیں سکتے مگر پارلیمنٹ کو یہ کرنے کا کہہ سکتے ہیں –

- جج صاحبان اس بات کا فیصلہ نہیں کر سکتے کہ لوگ سنگین جرائم کے قصور وار ہیں یا بے گناہ ہیں –

- اگر کسی شخص پر سنگین جرم کا الزام ہو تو جیوری فیصلہ کرتی ہے کہ وہ مجرم ہے یا نہیں اور اگر مجرم قرار پائے تو جج سزا کا فیصلہ کرتا ہے –

- کم اہم جرائم کا فیصلہ مجسٹریٹ کرتا ہے اور سزا بھی وہی دیتا ہے-

- میٹروپولیٹن سب سے بڑی پولیس فورس ہے جو لندن میں خدمت انجام دیتی ہے-ان کا آفس نیو سکاٹ لینڈ یارڈ میں واقع ہے –

- The police have 'operational independence', which means that the government cannot instruct them on what to do in any particular case.

- The Independent Police Complaints Commission (or, in Northern Ireland, the Police Ombudsman) investigates serious complaints against the police.

- Non-departmental public bodies, also known as quangos, are independent organisations that carry out functions on behalf of the public, which it would be inappropriate to place under the political control of a Cabinet minister.

- Proceedings in Parliament are broadcast on digital television and published in official reports such as Hansard.

- The UK has a free press, meaning that what is written in newspapers is free from government control.

- The UK has had a fully democratic system since 1928, when women were allowed to vote at 21, the same age as men.

- The present voting age of 18 was set in 1969.

- Citizens of the UK, the Commonwealth and the Irish Republic (if resident in the UK) can vote in all public elections.

- Citizens of EU states who are resident in the UK can vote in all elections except national parliamentary elections.

- In order to vote in a parliamentary, local or European election, you must have your name on register of electors, known as the electoral register.

- پولیس کے پاس 'عملیاتی آزادی' ہے جس کا مطلب یہ ہے کہ گورنمنٹ انہیں نہیں بتا سکتی کہ کسی خاص معاملے میں کیا کرنا ہے –
- انڈیپنڈنٹ پولیس کمپلینٹس کمیشن (یا نادرن آئر لینڈ میں پولیس امبڈسمن) پولیس کے خلاف سنگین شکایات کی تحقیق کرتا ہے –
- کوینگوس آزاد تنظیمیں ہوتی ہیں جو عوام کے لئے وہ امور سرانجام دیتی ہیں جنہیں کابینہ کے کسی منسٹر کے سیاسی اختیار میں دینا غیر موزوں سمجھا جائے –
- پارلیمنٹ کی کاروائی ڈیجیٹل ٹی وی پر نشر ہوتی ہے اور سرکاری رپورٹ میں بھی شائع ہوتی ہے جسے ہنسارڈ کہتے ہیں –
- یوکے میں پریس آزاد ہے یعنی جو کچھ بھی اخبارات میں چھپتا ہے اس میں گورنمنٹ کا عمل دخل نہیں ہوتا –
- یو کے میں 1928 سے مکمل جمہوری نظام ہے، جب خواتین کو مردوں کی طرح 21 سال میں ووٹ ڈالنے کی اجازت ملی –
- ووٹ ڈالنے کی موجودہ عمر 18 سال ہے جو 1969 میں قرار پائی تھی
- یوکے ، کامن ویلتھ اور آئرش ریپبلک (اگر یو کے میں رہتے ہوں) کے شہریت رکھنے والے تمام عوامی الیکشن میں حصہ لے سکتے ہیں–
- یوروپین یونین کی شہریت رکھنے والے وہ لوگ جو یوکے میں رہتے ہوں نیشنل پارلیمانی الیکشن کے علاوہ تمام الیکشنز میں ووٹ ڈال سکتے ہیں –
- پارلیمانی، لوکل یا یوروپین الیکشن میں ووٹ ڈالنے کی لئے آپ کا نام رجسٹر میں شامل ہونا ضروری ہے - اس رجسٹر کو الیکٹورل رجسٹر کہتے ہیں –

- The electoral register is updated every year in September or October.

- By law, each local authority has to make its electoral register available for anyone to look at, although now it must be supervised.

- Most citizens of the UK, the Irish Republic or the Commonwealth aged 18 or over can stand for public office.

- To become a local councillor, a candidate must have a local connection with the area through work, being on the electoral register, or through renting or owning land or property.

- All elected members have a duty to serve and represent their constituents.

- You can get contact details of all your representatives and their parties from your local library.

- Assembly members, MSPs, MPs and MEPs are also listed in the phone book and Yellow Pages.

- The public can listen to debates from public galleries in both the House of Commons and the House of Lords. Entrance is free.

- In Northern Ireland, elected members, known as MLAs, meet in the Northern Ireland Assembly at Stormont, in Belfast.

- In Scotland, the elected members, called MSPs, meet in the Scottish Parliament at Holyrood in Edinburgh.

- In Wales, the elected members, known as AMs, meet in the Welsh Assembly in the Senedd in Cardiff Bay.

- ہر سال ستمبر یا اکتوبر میں الیکٹورل رجسٹر کی تجدید کی جاتی ہے –
- قانون کی رو سے ہر لوکل اتھارٹی کو اپنا الیکٹورل رجسٹر کسی کے بھی دیکھنے کیلیئے مہیا کرنا پڑتا ہے اگرچہ اب اس کی نگرانی ضروری ہو گئی ہے –
- برطانیہ، آئرش ریپبلک اور کامن ویلتھ کی شہریت رکھنے والے جو 18 سال یا زیادہ کے ہوں الیکشن میں کھڑے ہو سکتے ہیں –
- لوکل کونسلر بننے کے لئے امیدوار کا اس علاقے سے تعلق ضروری ہے- یہ چاہے الیکٹورل رجسٹر میں اندراج کی شکل میں یا گھر کرائے پر یا خرید کر رہنے کی شکل میں ہو –
- ہر جیتے ہوئے ممبر کی یہ اخلاقی پابندی ہے کہ وہ اپنے حلقے کی خدمت اور نمائندگی کرے –
- آپ اپنے نمائیندگان اور ان کی پارٹی سے رابطے کی تفصیلات اپنی لوکل لائیبریری سے حاصل کر سکتے ہیں –
- اسمبلی ممبرز ، ایم ایس پی، ایم پی اور ایم ای پی کے نام پتے فون بک اور ییلو پیجز میں مل سکتے ہیں –
- عوام ہاؤس آف کامنز اور ہاؤس آف لارڈز کے مباحثے گیلری میں بیٹھ کر سن سکتے ہیں -داخلہ مفت ہوتا ہے –
- نادرن آئرلینڈ میں ممبرز جن کوایم ایل اے کہتے ہیں، نادرن آئرلینڈ اسمبلی میں ملتے ہیں جو کہ سٹورمونٹ، بلفاسٹ میں واقع ہے
- سکاٹ لینڈ میں ممبرز جن کو ایم ایس پی کہتے ہیں ،سکاٹش پارلیمنٹ میں ملتے ہیں جو ہولی رڈ، ایڈنبرا میں واقع ہے –
- ویلز میں ممبرز جن کو اے ایم کہتے ہیں ، ویلش اسمبلی میں ملتے ہیں جو سینیڈ، کارڈف میں واقع ہے-

- The Commonwealth is an association of countries, most of which were once part of the British Empire, though a few countries that were not in the Empire have also joined it.

- The Queen is the head of the Commonwealth, which currently has 53 member states.

- The European Union (EU), originally called the European Economic Community (EEC), was set up by six Western European countries who signed the Treaty of Rome on 25 March 1957.

- The UK became part of the European Union in 1973.

- In 2004, ten new member countries joined the EU, with a further two in 2006 making a total of 27 member countries.

- Citizens of an EU member state have the right to travel to and work in any EU country if they have a valid passport or identity card.

- The European Commission is based in Brussels, the capital city of Belgium.

- The European Parliament meets in Strasbourg, in northeastern France, and in Brussels.

- Each country elects members, called Members of the European Parliament (MEPs), every five years.

- European Union law is legally binding in the UK and all the other member states.

- کامن ویلتھ ایسے ممالک ہیں جن میں سے زیادہ تر کسی زمانے میں برطانوی مملکت میں رہ چکے ہیں، البتہ کچھ ایسے ممالک بھی ہیں جو کبھی برطانوی مملکت کا حصہ نہیں رہے –
- ملکہ کامن ویلتھ کے ممالک کی ہیڈ ہیں، جس کے فالحال 53 ممبرز ہیں–
- یوروپین یونین جسے شروع میں یورپین ایکونومک کمیونٹی کہا جاتا تھا چھ ممالک نے ٹریٹی آف روم سائن کر کے 25 مارچ 1957 کو بنائی تھی–
- 1973 میں یوکے یوروپین یونین کا حصہ بنا –
- 2004 میں دس نئے ممالک یوروپین یونین میں شامل ہوئے اور پھر 2006 میں دو ممالک مزید شامل ہو گئے اور یوں کل ممالک 27 ہو گئے–
- یوروپین یونین کے ممالک کے شہریت رکھنے والے کسی بھی یوروپین ملک میں سفر یا کام کر سکتے ہیں بشرطیکہ ان کے پاس پاسپورٹ یا شناختی کارڈ ہو –
- یوروپین کمیشن بیلجیم کے شہر برسلز میں واقع ہے –
- یوروپین پارلیمنٹ کے ممبران شمال مشرقی فرانس کے شہر سٹراسبرگ اور برسلز میں ملتے ہیں –
- یوروپین یونین کے ممالک ہر پانچ سال بعد ممبر چنتے ہیں جنھیں ممبر آف یوروپین پارلیمنٹ یا ایم ای پی کہا جاتا ہے-
- یو کے سمیت تمام ممبر ممالک کے لئے یوروپین یونین کا قانون ماننا لازمی ہے –

- The UK is a member of the United Nations (UN), an international organisation to which over 190 countries now belong.

- The UN was set up after the Second World War and aims to prevent war and promote international peace and security.

- There are 15 members on the UN Security Council. The UK is one of the five permanent members.

- یو کے اقوام متحدہ کا ممبر ہے - یہ ایک بین الاقوامی تنظیم ہے اور اب تک اس کے 190 ممالک ممبر ہیں –
- اقوام متحدہ دوسری جنگ عظیم کے بعد بنائی گئی - اس کے مقاصد میں جنگ ہونے سے روکنا اور بین الاقوامی امن اور تحفّظ کو پروان چڑھانا ہے –
- اقوام متحدہ کی سیکورٹی کونسل کے 15 ممالک ممبر ہیں - یو کے اس کے پاچ مستقل ممبران میں سے ایک ہے -

CHAPTER 4

PRACTICE

TEST

1   The United Kingdom is a Constitutional democracy. Is this
         statement true or false?

         A   True
         B   False

2   British constitution is written down in a single document
         like other countries. Is this statement true or false?

         A   True
         B   False

3   Who is the Head of State of the United Kingdom?

         A   Queen Elizabeth I
         B   Queen Elizabeth II
         C   King George II
         D   Prince Philip

4   Which of the following is true?

         A   The UK has a constitutional monarchy
         B   The UK does not have a constitutional monarchy

5   In Constitutional monarchy, who rules the country?

         A   The King
         B   The Queen
         C   Prime Minister and the Cabinet
         D   All of above

6   Since when has Queen Elizabeth II reingned?

            A   1945
            B   1950
            C   1952
            D   1955

****

7   Who is the heir to the throne?

            A   Prince William
            B   Prince Harry
            C   Prince Philip
            D   Prince Charles

****

8   What roles does the Queen have?

            A   Constitutional roles
            B   Important ceremonial roles
            C   Parliamentary roles
            D   All of above

****

9   What is the system of government in the UK?

            A   Presidential democracy
            B   Direct democracy
            C   Parliamentary democracy
            D   None of above

****

10   How many parliamentary constituencies are there in the UK?

            A   546
            B   646
            C   656
            D   746

****

11   In the UK, the members of parliament are elected after how many years?

        A   Every 4 years
        B   Every 6 years
        C   Every 5 years
        D   Every 3 years

12   Who makes the House of Commons?

        A   Ministers
        B   MPs
        C   Royal family
        D   People

13   Who forms the government?

        A   Party with smallest number of MPs
        B   Party with largest number of MPs
        C   All the parties
        D   Members of Royal family

14   The Parliament is under obligation to accept the rules of which of the following?

        A   European Union
        B   Judgements of the European Court
        C   House of Lords
        D   Both A and B

15   Who is more important of the two chambers in Parliament?

        A   House of Commons
        B   House of Lords

16   The members of the House of Commons are also called MPs. Is this statement true or false?

      A   True
      B   False

****

17   Which of the following does each MP represent?

      A   A city
      B   A town
      C   A constituency
      D   A county

****

18   The responsibilities of the MPs include which of the following?

      A   Help to create new laws
      B   Debate important national issues
      C   Scrutinise and comments on government matters
      D   All of above

****

19   The MPs are elected through which of the following systems?

      A   Proportional representation
      B   First past the post
      C   Last past the post
      D   None of above

****

20   A small group of MPs appointed by their party leader is known as

      A   Group of MPs
      B   Group of Ministers
      C   A Whip
      D   Special members

****

21   **What does the Chief Whip do?**

        A   Often attend Cabinet meetings

        B   Arranges the schedule of proceedings in the House of Commons

        C   Both of above

        D   None of above

****

22   **How often the elections for the European parliament are held?**

        A   Every 7 years

        B   Every 3 years

        C   Every 5 years

        D   Every 2 years

****

23   **How many seats are there for the UK representatives in the European Parliament?**

        A   75

        B   78

        C   85

        D   92

****

24   **The elected members of the European Parliaments are called**

        A   Members of the European Union

        B   Members of the European House of Commons

        C   Representatives of the European Union

        D   Member of the European Parliament

****

25   What are the members of the House of Lords known as?

        A   Lords
        B   Peers
        C   Members of House
        D   Supreme members

****

26   Until 1958 all peers were either hereditary, senior judges
        or bishops. Is this statement true or false?

        A   True
        B   False

****

27   Since which year does the Prime Minister have the power
        to appoint peers for their lifetime?

        A   1958
        B   1968
        C   1975
        D   1982

****

28   The peers appointed for their lifetime are known as Life
        Peers. Is this statement true or false?

        A   True
        B   False

****

29   Who appoints the Life Peers?

        A   Prime Minister
        B   Queen Elizabeth II
        C   King George II
        D   House of commons

****

30   The Life Peers include people nominated by

        A   Independent Appointments Commission
        B   Leaders of the other main parties
        C   Queen
        D   Both A and B

31   Which House is less important of the two?

        A   House of Lords
        B   House of Commons

32   A law will not be passed if the majority of the members of the House of Lords disagree to it. Is this statement true or false?

        A   True
        B   False

33   The leader of the political party in power is known as

        A   Presidential democracy
        B   Speaker
        C   Prime Minister
        D   Head of party

34   Who appoints the members of the Cabinet?

        A   Queen
        B   Party Leader
        C   Cabinet
        D   Prime Minister

35   **Who lives at 10-Downing Street?**

      A   Speaker

      B   Queen

      C   Prime Minister

      D   Home secretary

****

36   **The country house of the Prime Minister is called Chequers. Is this statement true or false?**

      A   True

      B   False

****

37   **Who appoints the senior MPs to become ministers?**

      A   Queen

      B   Prime Minister

      C   House of Lords

      D   House of commons

****

38   **How many MPs are appointed by the Prime Minister as ministers in charge of departments?**

      A   25

      B   20

      C   35

      D   40

****

39   **The Chancellor of the Exchequer is responsible for which of the following?**

      A   Law & Order

      B   Immigration

      C   Legal Affairs

      D   Economy

****

40   The Home Secretary is responsible for which of the following?

   A   Defence
   B   Education
   C   Law, order and immigration
   D   Legal affairs

****

41   The Foreign Secretary and Secretaries of State are responsible for which of the following?

   A   Law, order and immigration
   B   Education, health and defence
   C   Economy
   D   Legal affairs

****

42   The Lord Chancellor is responsible for which of the following?

   A   Legal affairs
   B   Law and order
   C   Education and health
   D   Economic affairs

****

43   The Lord Chancellor is a member of which of the following?

   A   House of Commons
   B   House of Lords
   C   Cabinet
   D   European Parliament

****

44   The Lord Chancellor although a member of the Cabinet but sat in the House of Lords rather than the House of Commons. Is this statement true or false?

       A   True

       B   False

****

45   Following legislation passed in 2005, it is now possible for the Lord Chancellor to sit in the Commons. Is this statement true or false?

       A   True

       B   False

****

46   How often the committee of the Cabinet does meet to make decisions about government policy?

       A   Weekly

       B   Fortnightly

       C   Monthly

       D   3 monthly

****

47   Who approves the important decisions made by the Cabinet?

       A   House of Commons

       B   House of Lords

       C   Parliament

       D   Queen

****

48 **What is the second largest party in the House of Commons called?**

    A   Ruling Party

    B   Opposition

    C   Second major party

    D   Next ruling party

****

49 **Who selects the Opposition MPs?**

    A   Members of the Cabinet

    B   House of Commons

    C   Leader of Opposition

    D   Prime Minister

****

50 **Who forms the Shadow Cabinet?**

    A   Opposition Leader

    B   Opposition MPs

    C   Prime Minister

    D   Speaker

****

ANSWER KEY			
Q. #	ANSWER	Q. #	ANSWER
1.	A	16.	A
2.	B	17.	C
3.	B	18.	D
4.	A	19.	B
5.	C	20.	C
6.	C	21.	C
7.	D	22.	C
8.	B	23.	B
9.	C	24.	D
10.	B	25.	B
11.	D	26.	A
12.	B	27.	A
13.	B	28.	A
14.	D	29.	B
15.	A	30.	D

ANSWER KEY			
Q. #	ANSWER	Q. #	ANSWER
31.	A	41.	B
32.	A	42.	A
33.	C	43.	C
34.	D	44.	A
35.	C	45.	A
36.	A	46.	A
37.	B	47.	C
38.	B	48.	B
39.	D	49.	C
40.	C	50.	B

CHAPTER 5

EVERYDAY NEEDS

- In the UK, two-thirds of people own their home. Most other people live in rented houses, flats or rooms.

- If someone wishes to buy a house, usually the first place to start is an estate agent. In Scotland, the first port of contact is a solicitor.

- In Scotland, the house buying agreement becomes legally binding earlier than all the UK.

- When you make an offer on a property, the solicitor will carry out a number of legal checks on the property, the seller and the local area.

- The solicitor will provide the legal agreements necessary for you to buy the property.

- The bank or building society that is proving you with mortgage will also carry out checks on the property you wish to buy. These are done by a surveyor.

- Everyone is entitled to apply for a council accommodation

- Housing associations are independent not-for-profit organisations, which provide housing for rent.

- If you are homeless, you should go for help to the local authority (or, in Northern Ireland, the Housing Executive).

- The housing department of the local authority will give advice on homelessness and on Housing Benefit as well as deal with problems you may have in council-owned property.

- یوکے میں دو تہائی لوگوں کا اپنا گھر ہے - باقی زیادہ تر لوگ کرائے کے گھر، فلیٹ یا کمروں میں رہتے ہیں –
- اگر کوئی گھر خریدنا چاہتا ہے تو عام طور پر سب سے پہلے سٹیٹ ایجنٹ کے پاس جانا پڑتا ہے - سکاٹ لینڈ میں سب سے پہلے سولیسیٹر سے ملا جاتا ہے –
- سکاٹ لینڈ میں گھر خریدنے کا اگریمنٹ سارے یوکے سے پہلے قانونی شکل اختیار کرتا ہے –
- جب آپ کوئی گھر خریدنے کے لئے آفر دیتے ہیں توسولیسیٹر اس گھر کے بارے میں کچھ معلومات اکٹھی کرتا ہے جس میں گھر کے بارے میں قانونی تقاضے ، گھر بیچنے والے کے بارے میں معلومات اور گھر کے آس پاس کی معلومات شامل ہوتی ہیں –
- سولیسیٹر قانونی معاہدے مہیا کرتا ہے جو گھر خریدنے کے لیے ضروری ہوتے ہیں -
- بینک یا بلڈنگ سوسائیٹی جو آپ کو قرضہ فراہم کرتے ہے وہ سرویر کی مدد سے گھر کا معائنہ بھی کرواتے ہیں–
- کونسل کی مکان کے لیے ہر کوئی درخواست دے سکتا ہے –
- ہاؤسنگ ایسوسی ایشن بغیر منافع ادارہ ہے جو کرائے کے مکان مہیا کرتا ہے –
- اگر آپ کے پاس رہنے کے لیے گھر نہیں ہے تو آپ کو لوکل کونسل کے پاس جانا چاہیے - نادرن آئر لینڈ میں ہاؤسنگ ایگزیکٹو سے ملنا چاہیے ہے –
- لوکل اتھارٹی کا ہا ؤسنگ کا شعبہ گھر نہ ہونے پر مشورے دینے کے علاوہ ہاؤسنگ بینیفٹس اور کونسل کی پراپرٹی کے مسائل حل کرنے میں مشورہ دیتا ہے –

- The Citizens Advice Bureau will give advice on all types of housing problems.

- Shelter is a housing charity, which runs a 24-hour helpline.

- Help with cost of moving and setting up home may be available from the Social Fund, which is run by the Department for Work and Pensions.

- The charge for water is called water rates

- Housing benefit sometimes includes water rates

- The cost of water usually depends on the size of the property.

- All properties in the UK have electricity supplied at 240 volts.

- Energywatch helps you to find out which company supplies your electricity.

- Energywatch can also give you advice on changing your supplier of electricity or gas.

- Ofcom provides advice about prices or about changing company providing your telephone landline.

- If only one person lives in a property, he gets a 25% reduction on his Council Tax (this does not apply in Northern Ireland).

- You may also get a reduction in Council Tax if someone in the property has a disability.

- Scotland and Northern Ireland have their own notes valid everywhere in the UK.

- سیٹیزنز ایڈوائس بیورو ہر طرح کے گھر کے مسائل پر مشورہ دیتا ہے۔
- شیلٹر ایک ہاؤسنگ چیریٹی ہیں جو چوبیس گھنٹے فون پر مدد فراہم کرتی ہے۔
- گھر بدلنے اور سیٹ کرنے کی رقم سوشل فنڈ سے مل سکتی ہے جو ورک اینڈ پینشنز کا ڈیپارٹمنٹ چلاتا ہے ۔
- پانی کے بل کو واٹر ریٹ کہتے ہیں ۔
- کبھی کبھی ہاؤسنگ بینیفٹ میں واٹر ریٹ بھی شامل ہوتا ہے ۔
- پانی کا بل عام طور پر گھر کے سائز پر منحصر ہوتا ہے ۔
- یو کے میں 240 وولٹ کی بجلی مہیا کی جاتی ہے ۔
- انرجی واچ یہ جاننے میں آپ کی مدد کرتا ہے کہ کونسی کمپنی آپ کو بجلی مہیا کرتی ہے ۔
- انرجی واچ آپ کو مشورہ بھی دے سکتی ہے اگر آپ اپنی گیس یا بجلی کی کمپنی بدلنا چاہتے ہیں ۔
- آفکام قیمتوں پر مشورے کی علاوہ آپ کو لینڈ لائن ٹیلیفون کمپنی بدلنے کے بارے میں بھی مشورے دیتی ہے ۔
- اگر گھر میں ایک ہی شخص رہتا ہے تواسے کونسل ٹیکس میں 25 فیصد چھوٹ مل سکتی ہے - یہ نادرن آئرلینڈ میں لاگو نہیں ۔
- اگر گھر میں کوئی معزور رہتا ہو تو بھی کونسل ٹیکس میں کمی ہو سکتی ہے ۔
- سکاٹ لینڈ اور آئر لینڈ کے اپنے نوٹ ہیں جو یوکے میں ہر جگہ چلتے ہیں ۔

- Credit unions are financial co-operatives owned and controlled by their members. Interest rates in credit unions are usually lower than banks and building societies.

- Insurance is compulsory if you have a car or motorcycle.

- The UK has a system of social security, which pays welfare benefits to those who do not have enough money to live on.

- Healthcare in the UK is organised under National Health Service or NHS.

- The NHS began in 1948 and is one of the largest organisations in Europe. It provides all residents with free healthcare and treatment.

- Family doctors are called General Practitioners (GPs) and they work in surgeries.

- Your GP is responsible for organising the health treatment you receive.

- You can attend a hospital without a GP's letter only in case of an emergency.

- You should look for a GP as soon as you move to a new area.

- If you cannot find a GP, you can ask your local health authority to help you find one.

- All patients registering with a GP are entitled to a free health check.

- کریڈٹ یونینز فنانشل کوآپریٹو ہیں جن کو ممبرز چلاتے ہیں- ان کا انٹرسٹ ریٹ بینکس اور بلڈنگ سوسا ئیٹیز کے مقابلے میں کم ہوتا ہے-
- اگر آپ کے پاس کار یا موٹر سائیکل ہے تو ان کی انشورنس کرانا لازمی ہے-
- یوکے میں سوشل سکیورٹی کا سسٹم ہے جو ان لوگوں کی مدد کرتا ہے جن کے پاس رہنے کے لئے پیسے نہیں ہوتے –
- یوکے میں نیشنل ہیلتھ سروس یا این ایچ ایس صحت کے شعبے کا ذمہ دار ہے –
- این ایچ ایس 1948 میں شروع ہوا اور یہ یورپ کا ایک بڑا ادارہ ہے - یہ تمام لوگوں کو علاج اور صحت عامہ کی ضروریات مفت فراہم کرتا ہے-
- فیملی ڈاکٹر کو جی پی کہا جاتا ہے اور وہ سرجری میں کام کرتے ہیں –
- آپ کا جی پی آپ کے علاج کا ذمہ دار ہوتا ہے –
- جی پی کےحوالے کے بغیر آپ ہسپتال صرف ایمرجنسی کی صورت میں جا سکتے ہیں-
- آپ جیسے ہی نئے علاقے میں رہنے کی لئے جائیں تو جی پی ضرور تلاش کریں –
- اگر آپ کو جی پی نہ مل سکے تو لوکل ہیلتھ اتھارٹی آپ کی مدد کر سکتی ہے –
- وہ تمام لوگ جو جی پی سے رجسٹر ہوتے ہیں ان کا مفت ہیلتھ چیک ہوتا ہے –

- Prescriptions are free for anyone who is :

    - Under 16 years of age (under 25 in Wales)

    - Under 19 and in full-time education

    - Aged 60 or over

    - Pregnant or with a baby under 12 months old

    - Suffering from a specified medical condition

    - Receiving Income support, Jobseekers' allowance, Working families or Disabilities Tax Credit

- Free dental treatment is available to:

    - People under 18 (in Wales people under 25 and over 65)

    - Pregnant women and women with babies under 12 months old

    - People on income support, Jobseekers' Allowance or Pension Credit Guarantee

- Most people have to pay for sight tests and glasses, except children, people over 60, people with certain eye conditions and people receiving certain benefits.

- دوائیں ان سب لوگوں کیلیۓ مفت ہیں جو:
  - 16 سال سے کم عمر ہوں (ویلز میں 25 سال سے کم عمر)-
  - 19 سال سے کم عمر ہوں اور پورا وقت تعلیم حاصل کرتے ہوں–
  - 60 سال یا زیادہ عمر کے ہوں –
  - خواتین جو امید سے ہوں یا جنکا بچہ 12 ماہ سے کم عمر ہو –
  - کسی خاص قسم کے مرض میں مبتلا ہوں-
  - ایسے لوگ جو انکم سپورٹ ،جاب سیکرز الاؤنس، ورکنگ فیملیز یا معذور افراد کا ٹیکس کریڈٹ لیتے ہوں-

- دانتوں کا علاج ان لوگوں کیلیۓ مفت ہے جو:
  - 18 سال سے کم عمرہوں (ویلز میں 25 سال سے کم یا 65 سال سے زیادہ عمر کے ہوں)-
  - خواتین جو امید سے ہوں یا جنکا بچہ 12 ماہ سے کم عمر ہو –
  - وہ لوگ جو انکم سپورٹ ،جاب سیکرز الاؤنس یا پنشن کریڈٹ گارنٹی پر ہوں –

- زیادہ تر لوگوں کو اپنی آنکھوں کے ٹیسٹ اور عینک وغیرہ کے لئے پیسے دینے پڑتے ہیں سوائے بچوں، 60 سال سے زیادہ عمر کےلوگ ، وہ لوگ جو آنکھوں کے کسی خاص مرض میں مبتلا ہوں اور وہ لوگ جو بینیفٹ پر ہوں ان سب کے لئے علاج مفت ہوتا ہے -

- In Scotland, eye tests are free.

- You must register your baby with the Registrar of Births, Marriages and Deaths within six weeks of the birth.

- If the parents are married, either the mother or father can register the birth. If they are not married, only the mother can register the birth.

- If the parents are not married but want both names on the child's birth certificate, both mother and father must be present when they register their baby.

- Education in the UK is free and compulsory for all children between the ages of 5 and 16 (4 and 16 in Northern Ireland).

- In England and Wales, the primary stage starts from 5 to 11, in Scotland from 5 to 12 and in Northern Ireland from 4 to 11.

- In some areas, there are Muslim, Jewish and Sikh schools.

- Schools must, by law, provide religious education to all pupils. Parents are allowed to withdraw their children from these lessons.

- Schools must open 190 days a year.

- At 16, young people can leave school or stay on to do A levels.

- سکاٹ لینڈ میں آنکھوں کے ٹیسٹ مفت ہوتے ہیں –
- آپ کو اپنے بچے کی برتھ رجسٹریشن، میرج اور ڈیتھ رجسٹرار کے پاس چھے ہفتوں کے اندر کرانا لازمی ہے –
- اگر والدین شادی شدہ ہیں تو ماں یا باپ کوئی بھی برتھ رجسٹر کروا سکتا ہے- اگر وہ شادی شدہ نہیں تو صرف ماں رجسٹر کروا سکتی ہے-
- اگر والدین شادی شدہ نہیں مگر دونوں اپنا نام بچے کے برتھ سرٹیفکیٹ پر درج کروانا چاہتے ہیں تو دونوں کو اس وقت حاضر ہونا ضروری ہے –
- یو کےمیں 5 سے 16 سال کے بچوں کیلیئے تعلیم مفت اور لازمی ہے (نادرن آئر لینڈ میں 4 سے 16 سال)-
- انگلینڈ اور ویلز میں پرائمری سٹیج 5 سال سے لے کر 11 سال تک ہوتی ہے - سکاٹ لینڈ میں 5 سے12 سال اور نادرن آئر لینڈ میں 4 سے 11 سال ہے–
- کچھ علاقوں میں مسلمان، یہودی اور سکھ سکول ہیں –
- قانون کے مطابق سکولوں پر لازم ہے کہ وہ سب بچوں کو مذہبی تعلیم دیں - والدین اگر چاہیں تو اپنے بچوں کو ان سے روک سکتے ہیں –
- سکولوں کیلیئے ضروری ہے کہ ایک سال میں 190 دن کھلے رہیں–
- 16 سال پر بچے سکول چھوڑ سکتے ہیں یا اے لیول کرنے کیلیئے رہ سکتے ہیں –

- Films in the UK have a system to show if they are suitable for children. This is called the classification system. If a child is below the age of the classification, they should not watch the film at a cinema or on DVD.

- All films receive a classification as follow:

  - U (Universal): suitable for anyone aged 4 years or over.

  - PG (parental guidance): suitable for everyone but some parts of the film might be unsuitable for children.

  - 12 or 12a: children under 12 are not allowed to see or rent the film unless they are with an adult.

  - 15: children under 15 are not allowed to see or rent the film.

  - 18: no one under 18 is allowed to see or rent the film.

  - R18: no one under 18 is allowed to see the film, which is only available in specially licensed cinemas.

- Anyone in the UK with a television (TV), DVD or video recorder, computer or any device which is used for watching or recording TV programmes must be covered by a valid television licence.

- People aged 75 or over can apply for a free TV licence.

- To drink alcohol in a pub you must be 18 or over.

- یو کے میں فلموں کیلیئے ایک کلاسفیکیشن سسٹم ہے جو یہ بتاتا ہے کہ کوئی فلم بچے دیکھ سکتے ہیں یا نہیں - اگر کوئی بچہ کلاسفیکیشن سسٹم کی عمر سے کم ہے تو وہ فلم سنیما یا ڈی وی ڈی پر نہیں دیکھ سکتا –
- ساری فلموں کی یہ کلاسفیکیشن ہوتی ہے :
  - U (یونیورسل): وہ سب دیکھ سکتے ہیں جو 4 سال یا زیادہ عمر کے ہوں –
  - PG (پیرینٹل گائیڈنس):سب دیکھ سکتے ہیں مگر فلم کے کچھ حصے بچوں کے لئے موزوں نہیں –
  - 12 یا 12a :بارہ سال سے کم عمر کے بچے فلم نہ دیکھ سکتے ہیں نہ کرایے پر لے سکتے ہیں جب تک کہ وہ کسی بڑے کے ساتھ نہ ہوں –
  - 15: پندرہ سال سے کم عمر کے بچے فلم نہ دیکھ سکتے ہیں نہ کرائے پر لے سکتے ہیں –
  - 18 : اٹھارہ سال سے کم عمر فلم نہ دیکھ سکتے ہیں نہ کرائے پر لے سکتے ہیں –
  - R18 : کوئی بھی اٹھارہ سال سے کم عمر فلم نہیں دیکھ سکتا جو صرف خاص لائیسنس والے سینما میں چلتی ہیں-
- یو کے میں جس کسی کے پاس ٹیلیویژن، ڈی وی ڈی، ویڈیو ریکارڈر ، کمپیوٹر یا ایسا کوئی بھی آلہ جس کے ذریعے ٹیلیویژن کا کوئی پروگرام دیکھا یا ریکارڈ کیا جا سکتا ہے، اس کے لئے لائیسنس لینا ضروری ہے–
- 75 سال یا زیادہ عمر کے لوگ مفت ٹیلیویژن لائیسنس کے لئے درخواست دے سکتے ہیں –
- پب میں شراب پینے کی کم از کم عمر 18 سال ہے –

- The landlord of the pub may allow people of 14 to come into the pub but they are not allowed to drink.

- At 16, people can drink wine or beer with a meal in a hotel or restaurant.

- Pubs are usually open during the day and until 11 pm.

- If a pub wants to stay open later, it must apply for a special licence.

- People under 18 are not allowed into betting shops or gambling clubs.

- People under 16 are not allowed to buy a lottery ticket or scratch card.

- It is against the law to treat a pet cruelly or to neglect it.

- All dogs in the public places must wear a collar showing the name and the address of the owner.

- You must be at least 17 to drive a car or motorcycle, 18 to drive a medium-sized lorry, and 21 to drive a large lorry or bus.

- To drive a lorry, minibus or bus with more than eight passenger seats, you must have a special licence.

- Drivers may use their licence until they are 70. After that, the licence is valid for three years at a time.

- اگر پب کا مالک چاہے تو 14 سال کی عمر کے لوگ پب میں آ سکتے ہیں مگر وہ شراب نہیں پی سکتے-
- 16 سال کی عمر کے لوگ ہوٹل میں کھانے کے ساتھ شراب پی سکتے ہیں –
- عام طور پر پب رات 11 بجے تک کھلے رہتے ہیں –
- پب اگر زیادہ دیر تک کھلا رکھنا ہو تو اس کے لئے خاص لائیسنس لینا ضروری ہوتا ہے –
- 18 سال سے کم عمر کے لوگ شرط لگانے یا جوا کھیلنے کی جگہوں پر نہیں جا سکتے –
- 16 سال سے کم عمر کے لوگ لاٹری کا ٹکٹ یا سکریچ کارڈ نہیں خرید سکتے –
- یہ بات قانون کے خلاف ہے کہ پالتو جانور پر ظلم یا اس سے برا سلوک کیا جائے –
- عام جگہوں پر کتوں کے گلے میں پٹا اور اس پر مالک کا نام اور پتہ ہونا ضروری ہے –
- گاڑی یا موٹر سائیکل چلانے کیلیئے کم از کم عمر 17 سال ہے - درمیانے سائز کی لاری چلانے کی لئےکم از کم عمر 18 سال اور بڑی لاری یا بس چلانے کی لئےعمر 21 سال ہے –
- ایسی لاری ، منی بس یا بس چلانے کیلیئے جس میں آٹھ سے زیادہ مسافر بیٹھ سکتے ہیں خاص لائیسنس کی ضرورت ہوتی ہے –
- 70 سال کی عمر تک ڈرائیونگ لائیسنس استعمال ہو سکتا ہے - اس کے بعد لائیسنس ایک وقت میں صرف تین سال تک قابل استعمال ہوتا ہے –

- When you are learning to drive, you must put L-plates on the vehicle, or D plates in Wales.

- In Northern Ireland, a newly qualified driver must display an R-plate (for Registered driver) for one year after passing the driving test.

- It is a criminal offence to have a car without proper motor insurance.

- It is illegal to drive while holding a mobile phone.

- If you do not pay the road tax, your vehicle may be clamped or towed away.

- It is an offence not to have an MOT certificate.

- If you do not have an MOT certificate, your insurance will not be valid.

- For cars and motorcycles the speed limits are:

    - 30 miles per hour (mph) in built-up areas, unless a sign shows a different limit

    - 60 mph on single carriageways

    - 70 mph on motorways and dual carriageways

- Speed limits are lower for buses, lorries and cars pulling caravans.

- جب آپ گاڑی چلانا سیکھ رہے ہوں تو آپ کو گاڑی پر L پلیٹ لگانا ضروری ہے - ویلز میں D پلیٹ لگانا ضروری ہے –
- نادرن آئرلینڈ میں اگر آپ نئے ڈرائیور ہیں تو ڈرایونگ ٹیسٹ پاس کرنے کے ایک سال بعد تک گاڑی پر R پلیٹ لگانا ضروری ہے –
- بغیر انشورنس کے گاڑی رکھنا قانوناً جرم ہے –
- یہ غیر قانونی ہے کہ موبائل فون پکڑ کر گاڑی چلائیں-
- اگر آپ نے روڈ ٹیکس نہیں دیا تو آپ کی گاڑی ضبط کی جا سکتی ہے-
- گاڑی کا MOT سرٹیفکیٹ نہ ہونا قانوناً جرم ہے –
- اگر آپ کی پاس MOT سرٹیفکیٹ نہ ہو تو آپ کی انشورنس قابل استعمال نہیں ہوگی –
- گاڑیوں اور موٹر سائیکل کے لئے حد رفتار مندرجہ ذیل ہیں :
    - 30 میل فی گھنٹہ رہائشی علاقوں میں ، تاوَقتیکہ کسی اور حد رفتار کا سائن موجود ہو-
    - 60 میل فی گھنٹہ سنگل لین والی کیرج وے پر-
    - 70 میل فی گھنٹہ موٹر وے اور ڈبل لین والی کیرج وے پر-
- بس، لاری اور کاروان کھینچنے والی گاڑیوں کی حد رفتار کم ہوتی ہے-

CHAPTER 5

PRACTICE

TEST

1   How many people in the UK own their own home?

       A   One-third
       B   Two-third
       C   Half of population
       D   Three-fourth

****

2   Who is allowed to apply for a council accommodation?

       A   Unemployed only
       B   Disabled only
       C   Everyone
       D   Old-age pensioners

****

3   What is a water rate?

       A   Charge for used water
       B   Amount of water supplied
       C   Amount on water used
       D   Amount of water stored

****

4   How many volts of electricity is supplied in the UK?

       A   440 volts
       B   340 volts
       C   240 volts
       D   220 volts

****

5   In an emergency, which of the following numbers you
       need to call? Select two options.
       A   911
       B   1122
       C   999
       D   112

****

6   Northern Ireland and Scotland have their own bank notes
        which are not valid everywhere in the UK. Is this
        statement true or false?

        A   True
        B   False
****

7   In 2002 how many European Union states adopted the
        euro as their common currency?
        A   Ten
        B   Twelve
        C   Fifteen
        D   Eighteen
****

8   Insurance is not compulsory if you have a car or a
        motorcycle. Is this statement true or false?

        A   True
        B   False
****

9   What does NHS stand for?

        A   National Health Security
        B   National Health Server
        C   National Health Service
        D   National Health Scheme
****

10   When did the National Health Service begin?

        A   1945
        B   1948
        C   1952
        D   1957
****

11   From the following, who can have free dental service? Select two options.

        A   People under 20
        B   Women with babies under 2 years
        C   Pregnant women
        D   People on income support
****

12   In Scotland, eye tests are free. Is this statement true or false?

        A   True
        B   False
****

13   New-born babies must be registered within how much period of time?

        A   Four weeks
        B   Six weeks
        C   Eight weeks
        D   Twelve weeks
****

14   Education at state schools in the UK is free. Is this statement true or false?

        A   True
        B   False
****

15   Who gives advice on contraception and sexual health?

        A   GP
        B   National Childbirth Trust
        C   Family Planning Association
        D   Midwife
****

16 At what age children go to secondary school in England?

    A   11 years
    B   12 years
    C   15 years
    D   18 years

17 What percentage of people go to independent (private) schools?

    A   5%
    B   10%
    C   12%
    D   8%

18 In England, the curriculum is divided into how many stages?

    A   Two
    B   Three
    C   Four
    D   Six

19 Schools must be open how many days in a year?

    A   100 days
    B   120 days
    C   150 days
    D   190 days

20 What does EMA stand for?

    A   Education Maintenance Allowance
    B   English, Mathematics, Accountancy
    C   East Midlands Airport
    D   Early Medieval Alliance

21 People aged 60 or over can apply for a free TV licence. Is this statement true or false?

    A   True
    B   False

****

22 What does a 'U' mean in film classification?

    A   Suitable for anyone aged 5 years or above
    B   No one under 18 is allowed to see or rent the film
    C   Children under 15 are not allowed to see or rent the film
    D   Suitable for anyone aged 4 years and over

****

23 What is the minimum age to drive a car or a motorcycle?

    A   16 years
    B   17 years
    C   18 years
    D   21 years

****

24 The driving licence is valid for how long after the age of 70?

    A   2 years
    B   3 years
    C   4 years
    D   5 years

****

25 What is the minimum age to drink alcohol in a pub?

    A   16 years
    B   21 years
    C   18 years
    D   25 years

****

26   For cars and motorcycles, what is the speed limit on single carriage ways?

     A   40 mph
     B   50 mph
     C   60 mph
     D   70 mph

27   It is a criminal offence to drive away without stopping after a road accident. Is this statement true or false?

     A   True
     B   False

28   To drive while holding a mobile phone is not illegal. Is this statement true or false?

     A   True
     B   False

29   What is the minimum age to buy a lottery ticket or scratch card?

     A   14 years
     B   15 years
     C   16 years
     D   18 years

30   What is the minimum age to allow people into betting shops?

     A   16 years
     B   17 years
     C   21 years
     D   18 years

ANSWER KEY			
Q. #	ANSWER	Q. #	ANSWER
1.	B	16.	B
2.	C	17.	D
3.	A	18.	C
4.	C	19.	D
5.	C & D	20.	A
6.	B	21.	B
7.	B	22.	D
8.	B	23.	B
9.	C	24.	B
10.	B	25.	C
11.	C & D	26.	C
12.	A	27.	A
13.	B	28.	B
14.	A	29.	C
15.	C	30.	D

CHAPTER 6

EMPLOYMENT

- The Home Office provides guidance on who is allowed to work in the UK.

- Not everyone in the UK is allowed to work and some people need work permits, so it is important to check your status before taking up work.

- Jobcentre Plus is run by a government department - the Department for Work and Pensions. Trained staff gives advice and help in finding and applying for jobs as well claiming benefits. They can also arrange for interpreters.

- It is against the law for employers to discriminate against someone at work.

- A person should not be refused to work, training or promotion or treated unfavourably based on their sex, nationality, race, colour, ethnic origin, disability or religion.

- Discrimination is not against the law when the job involves working for someone in their own home.

- Within two months of starting a new job, your employer should give you a written contract or statement with all the details and conditions for your work.

- This should include your responsibilities, pay, working hours, holidays, sick pay and pension.

- The compulsory school leaving age is 16 years.

- ہوم آفس معلومات فراہم کرتا ہے کہ یوکے میں کون کام کر سکتا ہے-
- یوکے میں ہر کوئی کام نہیں کر سکتا اور کچھ لوگوں کو کام کرنے کیلیئے ورک پرمٹ درکار ہوتا ہے- اسلئیے یہ ضروری ہے کہ کام شروع کرنے سے پہلے اپنا ویزا سٹیٹس دیکھ لیں-
- جاب سینٹر پلس گورنمنٹ کا محکمہ چلاتا ہے جسے محکمہ برائے ورک اور پنشنز کہتے ہیں - وہاں کا سٹاف مفید مشوروں کے علاوہ نوکری کی تلاش اور اس کی درخواست میں مدد کرتا ہے - اس کے علاوہ بینیفٹس کلیم کرنے میں بھی مدد کرتا ہے- وہ مترجم کا بھی بندبست کرتے ہیں-
- یہ بات قانون کے خلاف ہے کہ مالکان کام پر کسی سے امتیازی سلوک کریں-
- کسی شخص کو بھی جنس ، قومیت ، نسل ، رنگ ، معذوری یا مذہبی بنیاد پر نوکری، تربیت یا ترقی سے انکار نہیں کیا جانا چاہیے –
- کسی کیلیئے اس کے گھر میں کام کرنے پر امتیازی سلوک کا قانون لاگو نہیں ہوتا –
- نئی نوکری شروع کرنے کے دو مہینے کر اندر آپ کے مالک کو چاہیے کے آپ کو کنٹریکٹ دے جس میں آپ کی نوکری سے متعلق تمام تفصیلات ہونی چاہیے-
- اس میں آپ کی ذمہ داریاں، تنخواہ، کام کرنے کے گھنٹے، چھٹیاں، بیماری میں تنخواہ اور پینشن شامل ہونی چاہیے-
- سکول چھوڑنے کی لازمی عمر سولہ سال ہے –

- There are different minimum wage rates for different age groups. From October 2006 the rates are as follows:

- For workers aged 22 and above - £5.35 an hour

- For 18 - 21 year olds - £4.45 an hour

- For 16 and 17 year olds - £3.30 an hour

- Most employees 16 or over are entitled to 4 weeks paid holiday every year.

- Money raised from income tax pays for government services such as roads, education, police and the armed forces

- Almost everybody in the UK who is working, including self-employed, have to pay National Insurance contributions.

- Money raised from National Insurance contributions is used to pay contributory benefits such as the State Retirement Pension and helps fund the National Health Service.

- For those who are self-employed pay Class 2 National Insurance contributions for themselves and Class 4 contributions on the profits from their business.

- Just before sixteenth birthday, all young people in the UK are sent a National Insurance number.

- You need a National Insurance number when you start to work.

- Everyone in the UK, who has paid enough National Insurance contributions, is entitled to get a State Pension on retirement.

- مختلف عمر کے لوگوں کیلیئے کم از کم اجرت مختلف ہے - اکتوبر 2006 سے شرح یہ ہیں:
- 22 سال اور زیادہ عمر کے کام کرنے والے- 5.35 £ فی گھنٹہ
- 18 سے 21 سال تک کیلیئے - £4.45 فی گھنٹہ
- 16 اور17 سال کی عمر کیلیئے - £3.30 فی گھنٹہ
- سولہ سال یا اس سے زیادہ عمر کے ملازمین کو ہر سال چار ہفتے کی تنخواہ سمیت چھٹی مل سکتی ہے-
- انکم ٹیکس سے جو رقم حاصل ہوتی ہے وہ سڑکیں ، تعلیم ، پولیس اور افواج پر خرچ ہوتی ہے –
- یو کےمیں تقریباً ہر کسی کو جو ملازمت میں ہے، یا چاہے ذاتی کاروبار کرتا ہے، نیشنل انشورنس ادا کرنی ہوتی ہے –
- نیشنل انشورنس سے جو رقم حاصل ہوتی ہے وہ بینیفٹس جیسے کہ سٹیٹ ریٹارمنٹ پینشن اور نیشنل ہیلتھ سروس پر خرچ ہوتی ہے –
- جو لوگ اپنا ذاتی کام کرتے ہیں وہ کلاس 2 نیشنل انشورنس اپنے لئیے دیتے ہیں اور کلاس 4 انشورنس اپنے کاروبار پر –
- یو کے میں سولہویں سالگرہ سے پہلے ہر نوجوان کو نیشنل انشورنس نمبر بھیج دیا جاتا ہے –
- آپ کو کام شروع کرنے کے لئے نیشنل انشورنس نمبر چاہیے ہوتا ہے–
- یو کے میں ہر کسی کو، جس نے نیشنل انشورنس ادا کی ہے، ریٹائر ہونے پر پینشن ملے گی-

- For men, the State Pension age is currently 65 years; for women it is 60 years but the State Pension age for women will increase to 65 in stages between 2010 and 2020.

- Most people who become unemployed can claim Jobseeker's Allowance (JSA). This is currently available for men aged 18 – 65 and women aged 18 – 60 who are capable of working, available for work and trying to find work.

- Unemployed 16 and 17 year-olds may not be eligible for Jobseeker's Allowance but may be able to claim a Young Person's Bridging Allowance (YPBA).

- New Deal is a government programme that aims to provide unemployed people help and support which they need to get into work.

- If adults have been unemployed for 18 months, they are usually required to join New Deal if they wish to continue receiving benefit.

- If young people have been unemployed for 6 months, they are usually required to join New Deal if they wish to continue receiving benefit.

- Self-employed people are responsible for paying their own tax and National Insurance.

- As soon as you become self-employed, you should register yourself for tax and National Insurance by ringing the HM Revenue and Customs telephone helpline for people who are self-employed.

- مردوں کے لئے اس وقت پینشن کی عمر 65 سال ہے - خواتین کے لئے 60 سال ہے لیکن خواتین کی پنشن کی عمر 2010 اور 2020 کے درمیان مرحلہ وار بڑھتے بڑھتے 65 سال ہو جائے گی –
- زیادہ تر لوگ جو بیروزگار ہو جاتے ہیں وہ جاب سیکرز الاؤنس کا مطالبہ کر سکتے ہیں - فی الحال یہ 18 سے 65 برس تک کے مردوں اور 18 سے 60 سال تک کی خواتین کو مل سکتا ہے جو کام کر سکتے ہوں ، کام کے لئے دستیاب ہوں اور کام ڈھونڈنے کی کوشش کر رہے ہوں –
- 16 اور 17 سال کے بیروزگار ہو سکتا ہے کہ جاب سیکرز الاؤنس کے اہل نہ ہوں مگر وہ ینگ پرسنز برجنگ الاؤنس (YPBA) کا مطالبہ کر سکتے ہیں –
- نیو ڈیل گورنمنٹ پروگرام ہے جس کا مقصد بیروزگار لوگوں کو کام حاصل کرنے میں مدد فراہم کرنا ہے –
- اگر بالغ افراد 18 مہینے سے بیروزگار ہیں اور چاہتے ہیں کہ انہیں بینیفٹس ملتے رہیں تو انہیں چاہیے کہ نیو ڈیل لیں -
- اگر جوان افراد 6 مہینے سے بیروزگار ہیں اور چاہتے ہیں کہ انہیں بینیفٹس ملتے رہیں تو انہیں چاہیے کہ نیو ڈیل لیں -
- اپنا ذاتی کاروبار کرنے والے لوگوں کی ذمہ داری ہے کے وہ اپنا ٹیکس اور نیشنل انشورنس خود ادا کریں –
- جیسے ہی آپ اپنا ذاتی کاروبار شروع کرتے ہیں آپ اپنے ٹیکس اور نیشنل انشورنس کے لئے ایچ ایم ریوینو اور کسٹمز کی ہیلپ لائن کو فون کر کے رجسٹریشن کروائیں –

- British citizens can work in any country that is a member of the European Economic Area (EEA).

- Women who are expecting a baby have a legal right to take time off from work for antenatal care.

- Women are also entitled to at least 26 weeks' maternity leave, whether in full-time or part-time work. This does not depend on the length of the service.

- Maternity pay depends on length of service.

- Fathers who have worked with current employer for at least 26 weeks are entitled to paternity leave, which provides two weeks paid leave, when the child is born.

- Legally, the earliest age for children to do paid work is 14 years.

- By law, children aged 14 to 16 can only do light work.

- Every child must have at least two consecutive weeks a year during the school holidays when they do not work.

- برطانیہ کے شہری ایسے کسی بھی ملک میں کام کر سکتے ہیں جو یوروپین ایکونومک ایریا (EEA) کا ممبر ہو –
- وہ خواتین جو امید سے ہیں قانونی طور پر پیدائش سے پہلے کام سے چھٹی لے سکتی ہیں –
- خواتین 26 ہفتوں کی زچگی کے چھٹی لے سکتی ہیں ، چاہے وہ فل ٹائم یا پارٹ ٹائم کام کرتی ہوں - یہ کام کرنے کی مدت پر منحصر نہیں ہے-
- زچگی کی چھٹی کی تنخواہ کام کرنے کی مدت پر منحصر ہوتی ہے –
- وہ والد جنھیں ایک ہی جگہ پر کام کرتے ہوئے کم از کم 26 ہفتے ہو چکے ہوں، بچے کے پیدا ہونے کے بعد 2 ہفتے کی چھٹی، 'پیٹرنٹی لیو' لے سکتے ہیں-
- قانونی طور پر بچے 14 سال کی عمر سے کام کر سکتے ہیں –
- قانون کے مطابق 14 سے 16 سال کے بچے صرف ہلکا پھلکا کام کر سکتے ہیں –
- ہر بچے کے لئے یہ ضروری ہے کہ سال میں سکول کی چھٹیوں میں کم از کم متواتر دو ہفتے ایسے ہوں جب وہ کام نہ کریں –

- Children cannot work:

    - For more than 4 hours without a one-hour rest break.

    - For more than 2 hours on any school day or Sunday.

    - Before 7 a.m. or after 7 p.m.

    - For more than one hour before school starts.

    - For more than 12 hours in any school week.

- 15-and 16-year-olds can work slightly more hours than 14-year-olds on a weekday when they are not at school, on Saturdays and in school holidays.

- بچے کس طرح کا کام نہیں کر سکتے :

- چار گھنٹے سے زیادہ کام بغیر ایک گھنٹہ آرام کیئے۔

- دو گھنٹے سے زیادہ کام کسی سکول والے دن یا اتوار کے دن

- صبح 7 بجے سے پہلے یا شام 7 بجے کے بعد ۔

- سکول شروع ہونے سے پہلے ایک گھنٹہ سے زیادہ ۔

- 12 گھنٹے سے زیادہ کسی سکول جانے والے ہفتے میں ۔

- 15 اور 16 سال کے بچے 14 سال کی عمر کے بچوں کی نسبت کچھ گھنٹے زیادہ کام کر سکتے ہیں: ہفتے کے دوران جب وہ سکول میں نہ ہوں ، ہفتہ کے دن یا سکول کی چھٹیوں کے دوران ۔

CHAPTER 6

PRACTICE

TEST

1   **What is the compulsory school leaving age in England and Wales?**

    A   15 years

    B   16 years

    C   17 years

    D   18 years

****

2   **Who must pay National Insurance?**

    A   Employees over 18 years

    B   Employees over 21 years

    C   Everyone

    D   Unemployed

****

3   **Just before their 18th birthday, all young people in the UK are sent a National Insurance number. Is this statement true or false?**

    A   True

    B   False

****

4   **What is the State Pension age for men at present?**

    A   60 years

    B   65 years

    C   70 years

    D   75 years

****

5   **What is the State Pension age for women at present?**

    A   55 years

    B   65 years

    C   60 years

    D   70 years

****

6   What does NI stand for?

   A   National Information
   B   National Instrument
   C   National Investment
   D   National Insurance

****

7   British citizens can work in any country that is a member of the European Economic Area (EEA). Is this statement true or false?

   A   True
   B   False

****

8   What is New Deal?

   A   A government programme to give unemployed people help they need to get into work
   B   A non-government programme to support the young unemployed
   C   A government programme to support the employed
   D   A government programme to provide benefits to the employed

****

9   Who are required to join the New Deal to continue receiving benefits? Select two options.

   A   Young people unemployed for 6 months
   B   Adults unemployed for 18 months
   C   Anyone unemployed for 12 months
   D   Young people unemployed for 2 months

****

10   How many weeks of maternity leave women expecting a baby are entitled to take?

    A   16 weeks
    B   20 weeks
    C   26 weeks
    D   40 weeks

11   Fathers who have worked for their employer for at least 26 weeks are entitled to paternity leave. Is this statement true or false?

    A   True
    B   False

12   How many weeks of paternity leave fathers are entitled to take?

    A   One Week
    B   Two Weeks
    C   Three Weeks
    D   Four Weeks

13   What is the minimum age for children to do paid work legally?

    A   12 years
    B   14 years
    C   15 years
    D   16 years

14   Every child must have at least two consecutive weeks a year during the school holidays when they do not work. Is this statement true or false?

    A   True
    B   False

15   An employee can be dismissed immediately for serious misconduct at work. Is this statement true or false?

      A   True
      B   False

***

16   Following can apply for a Jobseekers' Allowance when they are trying to find work. Select two options.

      A   Men aged 18 – 60
      B   Men aged 18 – 65
      C   Women aged 17 – 60
      D   Women aged 18 – 60

***

17   Who can apply for Young Person's Bridging Allowance?

      A   Unemployed 16 and 17-year-old
      B   Unemployed 17 and 18-year-old
      C   Unemployed 20 and 21-year-old
      D   Unemployed under 25-year-old

***

18   Self-employed people are not responsible for paying their own tax and National Insurance. Is this statement true or false?

      A   True
      B   False

***

19   Discrimination is not against the law when the job involves working for someone in their own home. Is this statement true or false.

      A   True
      B   False

***

20   What does Jobcentre Plus do? Select two options.

A   Provide job

B   Provide council house

C   Give advice and help in finding and applying for jobs

D   Help in claiming benefits

21   Who provides guidance on who is allowed to work in the UK?

A   Home office

B   Home secretary

C   Jobcentre Plus

D   Employer

22   Which of the following are included in sexual harassment? Select two options.

A   Indecent remarks

B   Comments on dress

C   Comments on hair style

D   Inappropriate touching

23   What is the minimum wage rate for workers aged 22 and above?

A   £5.35

B   £4.45

C   £3.30

D   £6.65

24 Money raised from income tax is used for which of the following government services? Select two options.

    A   Education
    B   Police
    C   Health
    D   Pension

****

25 What does CRB stand for?

    A   Central Records Bureau
    B   Criminal Records Bureau
    C   Criminal Regional Bureau
    D   Cambridge Research Bureau

****

26 In order to pay your own tax, you can get advice for self-assessment from which of the following?

    A   Home office
    B   Employer
    C   HR department
    D   HM Revenue and Customs

****

27 Employees who are 16 or over are entitled to how many paid holidays in a year?

    A   Two weeks
    B   Four weeks
    C   Eight weeks
    D   Ten weeks

****

28   Money raised from National Insurance contributions is
        used to pay which of the following? Select two options.

        A   Armed forces
        B   Education
        C   State Retirement Pension
        D   National Health Service

****

29   There are different minimum wage rates for different age
        groups. Is this statement true or false?

        A   True
        B   False

****

30   What is the minimum wage rate for workers aged 18 - 21?

        A   £5.35
        B   £4.45
        C   £3.30
        D   £6.65

****

ANSWER KEY			
Q. #	ANSWER	Q. #	ANSWER
1.	B	16.	B & D
2.	C	17.	A
3.	B	18.	B
4.	B	19.	A
5.	C	20.	C & D
6.	D	21.	A
7.	A	22.	A & D
8.	A	23.	A
9.	A & B	24.	A & B
10.	C	25.	B
11.	A	26.	D
12.	B	27.	B
13.	B	28.	C & D
14.	A	29.	A
15.	A	30.	B

MOCK TEST 1

1   In which year the Kingdom of Great Britain became the United Kingdom of Great Britain and Ireland?

        A   1802
        B   1801
        C   1742
        D   1922

****

2   In which year did all men and women win the right to vote?

        A   1928
        B   1938
        C   1941
        D   1945

****

3   In England and Scotland children take national tests at which of the following ages?

        A   7, 11, 16
        B   8, 12, 17
        C   7, 11, 15
        D   7, 11, 14

****

4   What percentage of Christians is Roman Catholic in the UK?

        A   20%
        B   15%
        C   10%
        D   5%

5   What is the established church in Wales and Northern Ireland?

      A   Church of England
      B   Catholic Church
      C   Orthodox
      D   No established church

6   Who is the Chief Officer of the House of Commons?

      A   Prime Minister
      B   Home secretary
      C   Speaker
      D   Leader of Opposition

7   The Speaker is politically biased. Is this statement true or false?

      A   True
      B   False

8   Who represents Parliament at ceremonial occasions?

      A   Prime Minister
      B   Opposition Leader
      C   Queen
      D   Speaker

9   Who can stand for election as an MP?

      A   Only members of a political party
      B   Famous persons
      C   Anyone
      D   Member of a political family

****

10 The MPs who do not represent any major political party are called 'Independents'. Is this statement true or false?

    A   True

    B   False

****

11 What do the pressure and lobby groups do?

    A   Try to stop working of government

    B   Try to influence government policy

    C   Try to stop Prime Minister working

    D   Try to pressurise the Prime Minister

****

12 The general public is more likely to support pressure groups than join a political party. Is this statement true or false?

    A   True

    B   False

****

13 What do civil servants do?

    A   Join a political party

    B   Carry out government policy

    C   Oppose government policy

    D   Support opposition party

****

14 The civil servants have to be politically neutral. Is this statement true or false?

    A   True

    B   False

****

15 Since when has there been a Welsh Assembly, a Scottish Parliament and, periodically, a Northern Ireland Assembly?

    A   1997
    B   1998
    C   1999
    D   2000

****

16 Both the Scottish Parliament and Welsh Assembly have been set using forms of proportional representation. Is this statement true or false?

    A   True
    B   False

****

17 When was the Northern Ireland Parliament established?

    A   1925
    B   1922
    C   1932
    D   1942

****

18 In which year was Ireland divided?

    A   1920
    B   1969
    C   1922
    D   1972

****

19   **When was the Northern Ireland Parliament abolished?**

    A   1922
    B   1969
    C   1972
    D   1975

****

20   **How many elected members does the Northern Ireland Assembly have?**

    A   106
    B   107
    C   102
    D   108

****

21   **What are the members of the Northern Ireland Assembly known as?**

    A   Members of the Parliament (MPs)
    B   Members of the House of Commons
    C   Members of Irish Assembly
    D   Members of the Legislative Assembly (MLAs)

****

22   **Who has the power to suspend the Northern Ireland Assembly?**

    A   Northern Ireland government
    B   UK government
    C   Prime Minister
    D   House of Commons

****

23   What is the speed limit on motorways for cars and motorcycles?

     A   90 mph
     B   80 mph
     C   70 mph
     D   60 mph

****

24   What do you mean by paternity leave?

     A   Leave given to a father when a child is born
     B   Leave given to a father before a child is born
     C   Leave given to a mother when a child is born
     D   Leave given to a mother before a child is born

****

ANSWER KEY			
Q. #	ANSWER	Q. #	ANSWER
1.	B	13.	B
2.	A	14.	A
3.	D	15.	C
4.	C	16.	A
5.	D	17.	B
6.	C	18.	C
7.	B	19.	C
8.	D	20.	D
9.	C	21.	D
10.	A	22.	B
11.	B	23.	C
12.	A	24.	A

MOCK TEST 2

1   In 1348, a third of the population died due to which of
        the following?

        A   Floods
        B   Earthquake
        C   Plague
        D   War

2   In 1950s, centres were set up in the West Indies to
        recruit people for what reason?

        A   For textile industry
        B   For engineering firms
        C   To drive buses
        D   To build canals

3   St Andrew's day is celebrated in which part of the United
        Kingdom?

        A   England
        B   Wales
        C   Scotland
        D   Northern Ireland

4   What is a census?

        A   A count of old people
        B   A count of women
        C   A count of children
        D   A count of the whole population

5   When was the last time the Northern Ireland Assembly
        suspended?

         A   1999
         B   2002
         C   2004
         D   2006

****

6   The Northern Ireland Assembly is currently suspended. Is
        this statement true or false?

         A   True
         B   False

****

7   Who governs the town, cities and rural areas in the UK?

         A   Local authorities
         B   Local police
         C   Elected mayors
         D   Local parties

****

8   Many councils representing towns and cities appoints a
        mayor. Is this statement true or false?

         A   True
         B   False

****

9   How many local authorities does London have?

         A   23
         B   30
         C   33
         D   47

****

10   The local authorities are required to provide which of the following in their area?

    A   General services
    B   Mandatory services
    C   Social services
    D   Cleaning services

****

11   Most of the money for the local authority services comes from the government through taxes. Is this statement true or false?

    A   True
    B   False

****

12   What percentage is funded locally through council tax?

    A   10%
    B   20%
    C   30%
    D   40%

****

13   Council tax applies to all domestic properties, including houses, bungalows, flats, maisonettes, mobile homes or houseboats, whether owned or rented. Is this statement true or false?

    A   True
    B   False

****

14   When are the local elections held?

    A   In March every year
    B   In April every year
    C   In May every year
    D   In May every two years

15   In the UK the laws made by Parliament are not the highest authority. Is this statement true or false?

    A   True
    B   False

16   Out of the following, who interprets the law?

    A   Government
    B   Public
    C   Parliament
    D   Judiciary

17   The judges now have the task of applying the Human Rights Act. Is this statement true or false?

    A   True
    B   False

18   If an Act of Parliament is incompatible with the Human Rights Act, the judges cannot change it themselves but they can ask Parliament to consider doing so. Is this statement true or false?

    A   True
    B   False

19   For serious crimes, who decides whether the accused is guilty or not?

      A   Judge
      B   Jury
      C   Magistrate
      D   Defence Minister

****

20   If found guilty, who will then decide on the penalty of the guilty person?

      A   Jury
      B   Judge
      C   Magistrate
      D   Parliament

****

21   For less important crimes, who will decide on guilt and on any penalty?

      A   Jury
      B   Magistrate
      C   Judge
      D   Police

****

22   Which of the following is the largest police force?

      A   London Police
      B   Metropolitan Police
      C   Scotland Yard
      D   Central Police

****

23   How often you must take MOT if your vehicle is over three years old?

      A   Every year
      B   Every two years
      C   Every three years
      D   Every six month

****

24   What does DWP stand for?

      A   Department for Work and Property
      B   Department for Wages and Pensions
      C   Democratic Workers Party
      D   Department for Work and Pensions

****

ANSWER KEY			
Q. #	ANSWER	Q. #	ANSWER
1.	C	13.	A
2.	C	14.	C
3.	C	15.	B
4.	D	16.	D
5.	D	17.	A
6.	A	18.	A
7.	A	19.	B
8.	A	20.	B
9.	C	21.	B
10.	B	22.	B
11.	A	23.	A
12.	B	24.	D

MOCK TEST 3

1   In which year Napoleon was defeated by the Duke of
        Wellington at waterloo?

        A   1715
        B   1810
        C   1815
        D   1898

****

2   In the late 1960s migrants from West Indies, Indian,
        Pakistan and Bangladesh fell because the government
        passed new laws to restrict immigration to Britain. Is this
        statement true or false?

        A   True
        B   False

****

3   When is St Patrick's day celebrated in Northern Ireland?

        A   17th March
        B   23rd April
        C   30th November
        D   01st March

****

4   When will the next census take place?

        A   2010
        B   2011
        C   2012
        D   2013

****

5   Who does Metropolitan Police serve?

    A   London

    B   London and Greater London

    C   Surrounding areas of London

    D   Scotland

6   Northern Ireland as a whole is served by the Police Service for Northern Ireland. Is this statement true or false?

    A   True

    B   False

7   The police have 'operational independence,' which means that the government cannot instruct them on what to do in any particular case. Is this statement true or false?

    A   True

    B   False

8   Who limits the powers of the police?

    A   Parliament

    B   Magistrate

    C   Law

    D   Jury

9   Who controls the finances of the police?

    A   Government

    B   Police authorities

    C   Scotland Yard

    D   Both A and B

10 What are the police authorities made up of?

A Judges
B Magistrates
C Councillors and Magistrates
D Councillors

****

11 Who investigates serious complaints against police?

A Scotland Yard
B Independent Police Complaints Commission
C Police Complaints Commission
D Jury

****

12 Who investigates serious complaints against police in Northern Ireland?

A Police Ombudsman
B Police Service for Northern Ireland
C Scotland Yard
D Independent Police Complaints Commission

****

13 What are quangos?

A Departmental public bodies
B Non-departmental public bodies
C Cabinet Minister
D Political party

****

14 Where are the proceedings in Parliament published?

A Newspapers
B Magazines
C Hansard
D White paper

****

15   Where is Hansard available?

   A   Large libraries
   B   Internet
   C   Television
   D   Both A and B

16   The UK does not have a free press. Is this statement true or false?

   A   True
   B   False

17   What does free press mean?

   A   Free from government control
   B   Free from any charges
   C   Free for public
   D   Free for political parties

18   Since when does the UK have a fully democratic system?

   A   1925
   B   1928
   C   1945
   D   1952

19   What is the present voting age which was set in 1969?

   A   16 years
   B   18 years
   C   21 years
   D   25 years

20   Which UK residents can vote in all public elections in UK?

        A   UK citizens
        B   Commonwealth citizens
        C   Irish Republic citizens
        D   All of above

****

21   The citizens of EU states who are residents in the UK can
        vote in all elections except national parliamentary
        elections. Is this statement true or false?

        A   True
        B   False

****

22   What is the register for electors known as?

        A   Voters register
        B   Electoral register
        C   Register for elections
        D   Important register

****

23   It is not illegal to allow someone to use your car if they
        are not insured to drive it. Is this statement true or false?

        A   True
        B   False

****

24   What does HM Revenue and Customs do?

        A   Provide benefits
        B   Provide information about wages
        C   Gives advice regarding jobs
        D   Collects tax

****

ANSWER KEY			
Q. #	ANSWER	Q. #	ANSWER
1.	C	13.	B
2.	A	14.	C
3.	A	15.	D
4.	B	16.	B
5.	A	17.	A
6.	A	18.	B
7.	A	19.	B
8.	C	20.	D
9.	D	21.	A
10.	C	22.	B
11.	B	23.	B
12.	A	24.	D

MOCK TEST 4

1   What does NATO stand for?

A   North Asian Treaty Organisation

B   North Atlantic Treaty Organisation

C   New Atlantic Treaty Organisation

D   North American Treaty Organisation

2   When is St David's day celebrated in Wales?

A   17th March

B   01st March

C   23rd April

D   30th November

3   When is St George's day celebrated in England?

A   01st March

B   17th March

C   23rd April

D   30th November

4   The Northern Ireland Assembly has been suspended several times. Is this statement true or false?

A   True

B   False

5   What is a mortgage?

A   Loan from the government

B   Loan from the landlord

C   A special loan from a bank or building society

D   A special loan for business

6   Who do you need to contact in order to register to vote?

        A   Election registration office
        B   Local council
        C   Local MP
        D   Police

7   Who do you need to contact in order to know about your local authority?

        A   Local council
        B   Registration office
        C   Local Government Association
        D   Local mayor

8   When is the electoral register updated?

        A   Every September or October
        B   Every November or December
        C   Every January or February
        D   Every March or April

9   In Northern Ireland, a different system called 'individual registration' operates, where all those entitled to vote complete their own registration form. Is this statement true or false?

        A   True
        B   False

10   Out of the following, who can stand for public office?

        A   Most UK citizens
        B   Irish Republic and Commonwealth citizens
        C   Aged 18 or above
        D   All of above

11   Who cannot stand for public office?

     A   Members of armed forces
     B   Civil servants
     C   People found guilty of criminal offences
     D   All of above

****

12   Who may not stand for election to the House of Commons?

     A   Ministers
     B   Members of House of Lords
     C   Prime Minister
     D   Members of Parliament

****

13   To become a local councillor, a candidate must not have a local connection with the area through work, being on the electoral register, or through renting or owning land or property. Is this statement true or false?

     A   True
     B   False

****

14   In order for the public to listen to the debates, it is usually easier to get into the House of Lords. Is this statement true or false?

     A   True
     B   False

****

15 What are the elected members in the Northern Ireland known as?

    A   MEPs

    B   MPs

    C   MLAs

    D   MNAs

****

16 What are the elected members in Scotland known as?

    A   MSAs

    B   MSPs

    C   MEPs

    D   MLAs

****

17 What are the elected members in Wales known as?

    A   PMs

    B   MSPs

    C   MLAs

    D   AMs

****

18 Where do the elected members in Wales meet?

    A   Holyrood

    B   Senedd

    C   Stormont

    D   Westminster

****

19   Where do the elected members in Scotland meet?

      A   Westminster
      B   Stormnont
      C   Holyrood
      D   Senedd

****

20   Where do the elected members in Norther Ireland meet?

      A   Stormont
      B   Westminster
      C   Senedd
      D   Holyrood

****

21   How many member states are there in the Commonwealth?

      A   48
      B   52
      C   53
      D   65

****

22   Who is the head of the Commonwealth?

      A   Prime Minister
      B   Queen
      C   Foreign secretary
      D   Commonwealth Union Head

****

23   In which of the following situations you need to have a
         Criminal Records Bureau check? Select two options.

         A   Working with children
         B   Working with women
         C   Working with vulnerable people
         D   Travelling

****

24   **What does Ofcom do?**

         A   Give advice about communication services
         B   Provides telephone line
         C   Provides electricity
         D   Provides broadband

****

ANSWER KEY			
Q. #	ANSWER	Q. #	ANSWER
1.	B	13.	B
2.	B	14.	A
3.	C	15.	C
4.	A	16.	B
5.	C	17.	D
6.	A	18.	B
7.	C	19.	C
8.	A	20.	B
9.	A	21.	C
10.	D	22.	B
11.	D	23.	A & C
12.	B	24.	A

HANDY
POINTS

- The United Kingdom consists today of four countries: England, Scotland, Wales and Northern Ireland.

- These four countries came together at different times to form a union called the United Kingdom of Great Britain and Northern Ireland, which is the official name of the country.

- The name 'Britain' or 'Great Britain' refers only to England, Scotland and Wales, not to Northern Ireland.

- Before 1215, there were no laws to limit the power of the king of England.

- In 1215, the barons forced King John to sign a charter of rights called the Magna Carta (which means the Great Charter).

- In 1348, a third of the population of England died in the plague called the Black Death.

- Henry VIII wanted a divorce because his wife, Catherine of Aragon, had not given him a surviving heir. In order to get a divorce and remarry he needed the approval of the Pope. When the Pope refused, Henry established the Church of England.

- The people who opposed the Pope were called Protestants.

- In 1688, the great lords who were opposed to James II conspired to ask William of Orange, the Protestant ruler of the Netherlands, to invade England and proclaim himself king. William was married to James II's daughter, Mary.

- When he invaded, there was no resistance in England, and he and Mary, took over the throne. This change was later called the 'Glorious Revolution' in England.

- آج یونائیٹڈ کنگڈم چار ممالک سے مل کر بنا ہے جن میں انگلینڈ ، لینڈ، ویلز اور نادرن آئر لینڈ شامل ہیں –
- ان چار ممالک نے مختلف اوقات میں مل کر اتحاد بنایا جس کو یونائیٹڈ کنگڈم آف گریٹ بریٹن اینڈ نادرن آئرلینڈ کہا جاتا ہے جو اس کا سرکاری نام ہے –
- 'بریٹن' یا ' گریٹ بریٹن' سے مراد صرف انگلینڈ، سکاٹ لینڈ اور ویلز ہیں - ان میں نادرن آئر لینڈ شامل نہیں –
- 1215 سے پہلے انگلینڈ کے بادشاہ کی قوت پر حد لگانے کے کوئی قوانین نہیں تھے –
- 1215 میں امراء نے کنگ جان پر زور ڈالا کہ وہ منشور پر دستخط کرے جسے میگنا کارٹا یا بڑا منشور کہا گیا –

1348 میں انگلینڈ کی ایک تہائی آبادی طاعون کی وجہ سے موت کے منہ میں چلی گئی - اس کو کالی موت کہا جاتا ہے –

- ہینری VIII اپنی بیوی کیتھرین آف آراگون کو طلاق دینا چاہتا تھا کیونکہ اس نے اسے تخت کا وارث نہیں دیا تھا - طلاق دینے اور دوسری شادی کرنے کے لئے اسے پوپ کی اجازت کی ضرورت تھی - جب پوپ نے انکار کیا تو ہینری نے چرچ آف انگلینڈ قائم کر دیا –
- جن لوگوں نے پوپ کی مخالفت کی ان کو پروٹیسٹنٹ کہا گیا –
- 1688 میں، جیمز II کے مخالف بڑے سرداروں نے سازش کر کے ولیم آف اورنج ، جو نیدر لینڈز کا پروٹیسٹنٹ حکمران تھا ، کو کہا کے وہ انگلینڈ پر حملہ کر کے اپنی بادشاہت کے اعلان کرے - ولیم کی شادی جیمز II کی بیٹی میری سے ہوئی تھی –
- اس نے جب حملہ کیا تو انگلینڈ میں اس کے خلاف کوئی مزاحمت نہ ہوئی اور اس نے اور میری نے تخت پر قبضہ کر لیا - اس تبدیلی کو بعد میں انگلینڈ میں عظیم الشان انقلاب کہا گیا –

- In 1922 Ireland split into two - the South became a dominion and the North remained in the Union.

- The first man to hold the office of the Prime Minister was Sir Robert Walpole, who was Prime Minister for 20 years until 1742.

- American colonies declared independence from Britain in 1776.

- Much of the heavy work of creating Britain's industrial infrastructure was done by immigrant labour from Ireland.

- Many Irish people migrated to England to escape famine and poverty and settled as agricultural workers and labourers.

- It was not until 1928 that all men and women had the right to vote.

- The right of women to vote was won after a long campaign by the Women's Suffrage Movement (the Suffragettes) who had to resort to civil disobedience to achieve their goal.

- The First World War (1914-18) broke out between several European nations. Millions of people were killed or wounded.

- In 1921, a peace treaty was signed and in 1922, Ireland was separated into two parts. The six counties in the North, which were mainly Protestants, remained part of the United Kingdom, while the rest of the Ireland became the Irish Free State and became a republic in 1949.

- West Germany, France, Belgium, Italy, Luxembourg and the Netherlands had formed the European Economic Community (EEC).

- 1922 میں آئر لینڈ دو حصّوں میں ٹوٹ گیا - جنوبی حصّے نے اپنی حکومت بنا لی جبکہ شمالی حصّہ یونین میں ہی رہا –
- سر رابرٹ والپول پرائم منسٹر کا آفس سنبھالنے والا پہلا شخص تھا - وہ 1742 تک بیس سال تک پرائم منسٹر رہا –
- 1776 میں امریکی کالونیوں نے برطانیہ سے آزادی کا اعلان کیا –
- برطانیہ کی صنعت کا ڈھانچہ بنانے کا زیادہ تر بھاری کام آئرلینڈ سے آئے ہوئے مہاجر مزدوروں نے کیا –
- قحط سالی اور غربت سے بچنے کے لئے بہت سے آئرش لوگ ہجرت کرکے انگلینڈ آئے اور یہاں پر کھیتی باڑی اور مزدوری کرنے لگے –
- 1928 سے پہلے ایسا نہیں تھا کہ سب مرد اور خواتین کو ووٹ ڈالنے کا حق ہوتا -
- وومن سفریج موومنٹ (سفراگیٹس) کی طویل تحریک کی بدولت خواتین کو ووٹ ڈالنے کا حق ملا - اس دوران اپنی بات منوانے کے لئے انہیں سول نافرمانی بھی کرنی پڑی-
- پہلی جنگ عظیم (1914-18) کئی یورپین قوموں کے بیچ چھڑی- اس میں لاکھوں لوگ مارے گئے یا زخمی ہوئے –
- 1921 میں امن معا ہدہ پر دستخط ہوئے اور 1922 میں آئر لینڈ کو دو حصّوں میں الگ کر دیا گیا - شمال کی چھہ کاؤنٹیز جو زیادہ تر پروٹیسٹنٹ تھیں برطانیہ کا حصّہ رہیں جبکہ باقی آئرلینڈ آزاد ملک بن گیا اور 1949 میں وہاں جمہوری حکومت قائم ہوئی –
- مغربی جرمنی ، فرانس، بیلجیم ، اٹلی ، لگزمبرگ اور نیدر لینڈز نے مل کر یورپین ایکونومک کمیونٹی (EEC) بنائی-

- The EEC had the goal of harmonising political, economic and trade relations between its members and creating a common agricultural policy.

- A European Parliament was established in Strasbourg and a civil service, called the European Commission, in Brussels.

- In the mid – 1840s there was a terrible famine in Ireland and many Irish people migrated to Britain.

- Until 1857, a married woman had no right to divorce her husband.

- It was not until 1928 that women won the right to vote at 21, at the same age as men.

- Women in Britain today make up 51% of the population and 45% of the workforce.

- The average hourly pay rate for women is 20% less than for men.

- In the UK, there are almost 15 million children and young people up to the age of 19. This is almost one-quarter of the UK population.

- Today, 65% of children live with both birth parents, almost 25% live in lone-parent families, and 10% live within a stepfamily.

- The law states that children between the ages of 5 and 16 must attend school.

- EEC کا مقصد اس کے ممبران میں سیاسی، معاشی اور تجارتی تعلقات میں ہم آہنگی قائم کرنا اور زراعت کی مشترکہ پالیسی بنانا تھا –
- یورپین پارلیمنٹ سٹراسبرگ میں قائم ہوئی اور سول سروس، جسے یورپین کمیشن کہتے ہیں ، برسلز میں –
- 1840 کی دہائی میں آئر لینڈ میں ہولناک قحط کی وجہ سے وہاں سے بہت سارے لوگ برطانیہ نقل مکانی کر گئے-
- 1857 تک ایک شادی شدہ عورت کو یہ حق حاصل نہیں تھا کہ وہ اپنے شوہر کو طلاق دے سکے –
- 1928 میں خواتین 21 سال میں ووٹ ڈالنے کا حق جیتیں ، جیسا کہ مردوں کو حاصل تھا –
- آج برطانیہ میں خواتین کل آبادی کا 51 فیصد بناتی ہیں اور افرادی قوت کا 45 فیصد –
- خواتین کی اوسط گھنٹے کی اجرت مردوں کے مقابلے میں 20 فیصد کم ہے –
- یوکے میں قریب قریب 15 ملین بچے اور نوجوان ہیں جن کی عمر 19 سال تک ہے - یہ یو کے کی آبادی کا تَقریباً ایک چوتھائی ہے-
- آج 65 فیصد بچے اپنے دونوں والدین کے ساتھ رہتے ہیں،
- تَقریباً 25 فیصد دونوں میں سے ایک کے ساتھ اور 10 فیصد سوتیلے خاندان کے ساتھ رہتے ہیں -
- قانون کے مطابق 5 سے 16 سال تک کی عمر کے بچوں کا سکول جانا لازمی ہے –

- It is thought there are 2 million children at work at any one time.

- The most common jobs are newspaper delivery and work in supermarkets and newsagents.

- By law, it is illegal to sell tobacco products to anyone under 16 years old.

- Young people under the age of 18 are not allowed to buy alcohol in Britain.

- Young people in Britain can vote in elections from the age of 18.

- In 2001 general election, only 1 in 5 first-time voters used their vote.

- In 2003, a survey of young people in England and Wales showed that they believe the five most important issues in Britain were crime, drugs, war/terrorism, racism and health.

- The population has grown by 7.7 % since 1971. The growth has been faster in more recent years.

- A census has been taken every ten years since 1801, except during the Second World War.

- People of Indian, Pakistani, Chinese, Black Caribbean, Black African, Bangladeshi and mixed ethnic descent make up to 8.3% of the UK population.

- The figures from the 2001 census show that most members of the large ethnic minority groups in the UK live in England, where they make up 9% of the total population.

- یہ خیال کیا جاتا ہے کہ ایک وقت میں 2 ملین بچے کام کرتے ہیں –
- زیادہ تر کام اخبار بانٹنے اور سپر مارکیٹ یا نیوز ایجنٹ کے پاس کام کرنے کے ہوتے ہیں–
- 16 سال سے کم عمر کو تمباکو بیچنا غیر قانونی ہے –
- برطانیہ میں 18 سال سے کم عمر شراب نہیں خرید سکتے –
- برطانیہ کے نوجوان 18 سال کی عمر سے الیکشن میں ووٹ ڈال سکتے ہیں –
- 2001 کے الیکشن میں پانچ میں سے صرف ایک پہلی مرتبہ ووٹ ڈالنے والوں نے اپنے ووٹ کا استعمال کیا –
- 2003 میں انگلینڈ اور ویلز میں نوجوانوں کے ایک سروے کے مطابق برطانیہ کے پانچ سب سے اہم مسائل میں جرم ، نشہ آور ادویات کا استعمال ، جنگ یا دہشت گردی ، نسل پرستی اور صحت کے مسائل شامل ہیں -
- 1971 سے آبادی میں اضافہ 7.7 فیصد کے تناسب سے ہوا ہے - حالیہ سالوں میں آبادی میں اضافہ زیادہ تیزی سے ہوا ہے –

1801سے مردم شماری ہر دس سال بعد ہوتی آئی ہے ماسوائے دوسری جنگ عظیم کے دوران –

- ہندوستانی ، پاکستانی، چینی، سیاہ فام کیریبین ، سیاہ فام افریقی ، بنگلادیشی اور ملی جلی نسلوں کے لوگ مل کر برطانیہ کی آبادی کا 8.3 فیصد بناتے ہیں-
- 2001 کی مردم شماری سے پتہ چلتا ہے کہ بڑی اقلیتی آبادیوں کے زیادہ تر لوگ انگلینڈ میں رہتے ہیں ، جہاں وہ کل آبادی کا 9 فیصد بناتے ہیں-

- 45% of all ethnic minority people live in the London area, where they form nearly one-third of the population (29%).

- The longest distance on the mainland, from John O'Groats on the north coast of Scotland to Land's End in the south-west corner of England, is about 870 miles (1,400 kilometres).

- The English language has many accents and dialects. Well-known dialects in England are Geordie (Tyneside), Scouse (Liverpool) and Cockney (London).

- Although the UK is historically a Christian society, everyone has the legal right to practise the religion of their choice.

- In the 2001 census, just over 75% said they had a religion: 7 out of 10 of these were Christians.

- Currently only around 10% of the population attend religious services.

- The official church of the state is the Church of England.

- The Church of England is called the Anglican Church in other countries and the Episcopal Church in Scotland and in the USA.

- The Church of England is a Protestant church and has existed since the Reformation in the 1530s.

- 10% of Christians are Roman Catholic (40% in Northern Ireland).

- There are also four public holidays a year called Bank Holidays. These are of no religious or national significance.

- ساری اقلیتی آبادی کے 45 فیصد لوگ لندن میں رہتے ہیں ، جہاں وہ کل آبادی کا تقریباً ایک تہائی ، جو کہ 29 فیصد ہے، بناتے ہیں-
- زمین پر طویل ترین فاصلہ ، جو کہ سکاٹ لینڈ کے شمالی ساحل جان او گروٹس سے لے کر انگلینڈ کے جنوب مغربی حصّے لینڈز اینڈ تک ہے، 870 میل ہے جو کہ 1400 کلومیٹر بنتا ہے –
- انگریزی زبان کے بہت سارے لہجے اور بولیاں ہیں - انگلینڈ کی مشہور بولیوں میں جارڈی (تائین سائڈ)، سکاؤس (لیور پول) اور کاکنی (لندن) شامل ہیں –
- باوجودیکہ تاریخی لحاظ سے برطانیہ ایک عیسائی سوسائٹی ہے، یہاں پر ہر ایک کو یہ قانونی حق حاصل ہے کہ وہ اپنی پسند کے مذہب پر عمل پیرا ہو –
- 2001 کی مردم شماری کے مطابق 75 فیصد لوگوں نے کہا کہ ان کا کوئی مذہب ہے،ان میں 10 میں سے 7 عیسائی تھے –
- حالیہ دور میں صرف 10 فیصد کے قریب لوگ مذہبی رسومات میں حصّہ لیتے ہیں –
- چرچ آف انگلینڈ ریاست کا سرکاری چرچ ہے –
- دوسرے ممالک میں چرچ آف انگلینڈ کو اینگلیکن چرچ اور سکاٹ لینڈ اور امریکہ میں ایپیسکوپل چرچ کہتے ہیں –
- چرچ آف انگلینڈ پروٹیسٹنٹ چرچ ہے جس کا وجود 1530 کی دہائی سے ہے –
- 10 فیصد عیسائی رومن کیتھولک ہیں - نادرن آئر لینڈ میں 40 فیصد ہیں–
- سال میں چار چھٹیاں بھی ہوتی ہیں جنھیں بینک ہالیڈے کہا جاتا ہے - ان کی کوئی مذہبی یا قومی اہمیت نہیں –

- 25 December, celebrates the birth of Jesus Christ. It is a public holiday.

- Boxing Day, 26 December, is the day after Christmas. It is a public holiday.

- 1 January is a public holiday. People usually celebrate on the night of 31 December.

- In Scotland, 31 December is called Hogmanay and 2 January is also a public holiday.

- 14 February is Valentine's Day, when lovers exchange cards and gifts.

- 1 April is April Fool's Day, when people play jokes on each other until midday.

- 31 October is Halloween, which is a very ancient festival. Young people will often dress up in frightening costumes to play 'trick or treat'.

- 5 November is Guy Fawkes Night. It is an occasion when people in Great Britain set off fireworks at home or in special displays. The origin of this celebration was an event in 1605, when a group of Catholics led by Guy Fawkes failed in their plan to kill the Protestant king with a bomb in the Houses of Parliament.

- 11 November is Remembrance Day. It commemorates those who died in the First and Second World Wars, and other wars. Many people wear poppies in memory of those who died. At 11 a.m., there is a two-minute silence.

- 25 دسمبر کو حضرت عیسي کا یوم پیدائش منایا جاتا ہے جسے کرسمس کہتے ہیں- اس دن چھٹی ہوتی ہے –
- کرسمس کے اگلے دن یعنی 26 دسمبر کو باکسنگ ڈے منایا جاتا ہے - اس دن چھٹی ہوتی ہے –
- یکم جنوری کو چھٹی ہوتی ہے - 31 دسمبر کی رات کو لوگ نئے سال کی خوشی میں جشن مناتے ہیں –
- سکاٹ لینڈ میں 31 دسمبر کو ہاگ مینے کہتے ہیں اور 2 جنوری کو بھی چھٹی ہوتی ہے –
- 14 فروری کو ویلینٹاین ڈے منایا جاتا ہے - اس دن محبت کرنے والے ایک دوسرے کو کارڈز اور تحفے دیتے ہیں -
- یکم اپریل کو اپریل فول ڈے منایا جاتا ہے - اس دن لوگ دوپہر تک ایک دوسرے کو بیوقوف بناتے ہیں –
- 31 اکتوبر کو ہیلووین منایا جاتا ہے جو کہ بہت قدیم تہوار ہے - اس دن بچے خوفزدہ کر دینے والے پوشاک زیب تن کرتے ہیں اور 'ٹرک اور ٹریٹ ' کھیلتے ہیں –
- 5 نومبر کو گائے فاکس نائٹ منائی جاتی ہے - اس موقع پر برطانیہ میں لوگ پٹاخے چلاتے ہیں - یہ اس واقعہ کی یاد دلاتی ہے جب 1605 میں ایک کیتھولک گروہ نے گائے فاکس نامی ایک شخص کی سربراہی میں پارلیمنٹ ہاؤس میں پروٹیسٹنٹ بادشاہ کو بم سے اڑانے کا ناکام منصوبہ بنایا تھا –
- 11 نومبر کو ریممبرنس ڈے منایا جاتا ہے ان کی یاد میں جو پہلی اور دوسری جنگ عظیم اور دوسری جنگوں میں مارے گئے- اس دن بہت سارے لوگ سرخ رنگ کے پوپی کے پھول لگاتے ہیں - مرنے والوں کی یاد میں دن 11 بجے 2 منٹ کی خاموشی اختیار کی جاتی ہے –

- St. David's day is celebrated in Wales on 1st March.

- St. Patrick's day is celebrated in Northern Ireland on 17th March.

- St. George's day is celebrated in England on 23rd April.

- St. Andrew's day is celebrated in Scotland on 30th November.

- The British Constitution is not written down in any single document, as are the constitutions of many other countries.

- Queen Elizabeth II is the Head of State of the United Kingdom. She is also the monarch or Head of State for many countries in the Commonwealth.

- The Queen has reigned since her father's death in 1952.

- Prince Charles, the Prince of Wales, her oldest son, is the heir to the throne.

- The Queen has important ceremonial roles such as the opening of the new parliamentary session each year.

- The system of government in the United Kingdom is a parliamentary democracy.

- The UK is divided into 646 parliamentary constituencies.

- At least every five years voters in each constituency elect their Member of Parliament or MP in a general election.

- All of the elected MPs form the House of Commons.

- The House of Commons is the more important of the two chambers in the Parliament, and its members are democratically elected.

- سینٹ ڈیوڈ کا دن ویلز میں یکم مارچ کو منایا جاتا ہے –
- سینٹ پیٹرک کا دن نادرن آئر لینڈ میں 17 مارچ کو منایا جاتا ہے -
- سینٹ جارج کا دن انگلینڈ میں 23 اپریل کو منایا جاتا ہیں -
- سینٹ اینڈریو کا دن سکاٹ لینڈ میں 30 نومبر کو منایا جاتا ہے -
- برطانیہ کے قوانین ریاست، بہت سے دوسرے ممالک کی طرح لکھی ہوئی شکل میں نہیں-
- ملکہ الزبتھ دوئم یوکے کی ہیڈ ہیں - وہ بہت سے دوسرے کامن ویلتھ ممالک کی بھی ہیڈ ہیں –
- ملکہ 1952 سے، جب ان کے والد کا انتقال ہوا تھا، راج کر رہی ہیں –
- پرنس چارلس ،پرنس آف ویلز ، جو ملکہ کے بڑے بیٹے ہیں ،مستقبل کی بادشاہت کے وارث ہیں –
- ملکہ ہر سال نئے پارلیمانی اجلاس کا افتتاح کرتی ہیں –
- برطانیہ میں پارلیمانی جمہوری نظام حکومت ہے–
- برطانیہ کو 646 پالیمانی حلقوں میں بانٹا گیا ہے–
- ہر پانچ سال بعد ووٹرز اپنے حلقے میں اپنا پارلیمانی نمائندہ،جسے ایم پی کہتے ہیں ، چنتے ہیں –
- تمام چنے ہوئے ایم پی مل کر ہاؤس آف کامنز بناتے ہیں –
- ہاؤس آف کامنز اور ہاؤس آف لارڈز میں سے ہاؤس آف کامنز زیادہ اہم ہے اور اس کے ممبرز جمہوری طریقے سے چنے جاتے ہیں –

- The MPs are elected through 'first past the post' system.

- Elections for the European Parliament are also held every five years.

- There are 78 seats for representatives from the UK in the European Parliament and elected members are called Members of European Parliament (MEPs).

- The official home of the Prime Minister is 10 Downing Street. He or she also has a country house not far from London called Chequers.

- Welsh Assembly has 60 Assembly Members (AMs) and elections are held every four years.

- There are 129 Members of the Scottish Parliament (MSPs).

- A Northern Ireland Parliament was established in 1922 when Ireland was divided, but it was abolished in 1972 shortly after the Troubles broke out in 1969.

- The Assembly has 108 elected members known as Members of the Legislative Assembly (MLAs).

- The largest force is the Metropolitan Police, which serves London and is based at New Scotland Yard.

- The police have 'operational independence', which means that the government cannot instruct them on what to do in any particular case.

- The UK has a free press, meaning that what is written in newspapers is free from government control.

- ایم پیز 'فرسٹ پاسٹ دا پوسٹ' سسٹم کے تحت چنے جاتے ہیں –
- یورپین پارلیمنٹ کے الیکشن بھی ہر پانچ سال بعد منعقد ہوتے ہیں –
- یوکے کے نمائندہ گان کی یورپین پارلیمنٹ میں 78 سیٹیں ہیں اور انہیں ممبرز آف یورپین پارلیمنٹ یا ایم ای پیز کہا جاتا ہے –
- 10 ڈاؤننگ سٹریٹ پرائم منسٹر کی سرکاری رہائش گاہ ہے - پرائم منسٹر کا لندن کے قریب ایک کنٹری ہاؤس بھی ہوتا ہے جسے چیکرز کہتے ہیں –
- ویلش اسمبلی کے 60 اسمبلی ممبران، جنھیں ایے ایم کہتے ہیں ، ہیں اور ہر چار سال بعد الیکشن منعقد ہوتے ہیں –
- سکاٹش پارلیمنٹ کے 129 ممبران ہیں جنھیں ایم ایس پی کہا جاتا ہے
- نادرن آئر لینڈ کی پارلیمنٹ 1922 میں وجود میں آئی جب آئر لینڈ کے ٹکڑے ہوئے مگر 1969 کے حالات خراب ہونےکے تھوڑے عرصے بعد 1972 میں اسے ختم کر دیا گیا –
- اس اسمبلی کے 108 ممبران ہیں جنھیں ممبرز آف لیجسلیٹو اسمبلی یا ایم ایل اے کہا جاتا ہے –
- میٹرو پولیٹن سب سے بڑی پولیس فورس ہے جو لندن میں خدمت انجام دیتی ہے- ان کا آفس نیو سکاٹ لینڈ یارڈ میں واقع ہے –
- پولیس کے پاس 'عملیاتی آزادی' ہے جس کا مطلب یہ ہے کہ گورنمنٹ انہیں نہیں بتا سکتی کہ کسی خاص معاملے میں کیا کرنا ہے –
- برطانیہ میں پریس آزاد ہے یعنی جو کچھ بھی اخبارات میں چھپتا ہے اس میں گورنمنٹ کا عمل دخل نہیں ہوتا –

- The UK has had a fully democratic system since 1928, when women were allowed to vote at 21, the same age as men.

- The present voting age of 18 was set in 1969.

- The Queen is the head of the Commonwealth, which currently has 53 member states.

- The European Union (EU), originally called the European Economic Community (EEC), was set up by six Western European countries who signed the Treaty of Rome on 25 March 1957.

- The UK became part of the European Union in 1973.

- In 2004, ten new member countries joined the EU, with a further two in 2006 making a total of 27 member countries.

- The European Commission is based in Brussels, the capital city of Belgium.

- The European Parliament meets in Strasbourg, in northeastern France, and in Brussels.

- Each country elects members, called Members of the European Parliament (MEPs), every five years.

- The UK is a member of the United Nations (UN), an international organisation to which over 190 countries now belong.

- There are 15 members on the UN Security Council. The UK is one of the five permanent members.

- برطانیہ میں 1928 سے مکمل جمہوری نظام ہے ، جب خواتین کو مردوں کی طرح 21 سال میں ووٹ ڈالنے کی اجازت ملی –
- 1969 سے لے کر اب تک ووٹ ڈالنے کی عمر 18 سال ہے –
- ملکہ کامن ویلتھ کے ممالک کی ہیڈ ہیں، جس کے فالحال 53 ممبرز ہیں–
- یوروپین یونین جسے شروع میں یورپین ایکونومک کمیونٹی کہا جاتا تھا، چھ ممالک نے ٹریٹی آف روم سائن کر کے 25 مارچ 1957 کو بنائی تھی –
- 1973 میں یوکے یوروپین یو نین کا حصہ بنا –
- 2004 میں دس نئے ممالک یوروپین یونین میں شامل ہوئے اور پھر 2006 میں مزید دو ممالک شامل ہو گئے اور یوں کل ممالک 27 ہو گئے–
- یوروپین کمیشن بیلجیم کے شہر برسلز میں واقع ہے –
- یوروپین پارلیمنٹ کے ممبران شمال مشرقی فرانس کے شہر سٹراسبرگ اور برسلز میں ملتے ہیں –
- یوروپین یو نین کے ممالک ہر پانچ سال بعد ممبر چنتے ہیں جنھیں ممبر آف یوروپین پارلیمنٹ یا ایم ای پی کہا جاتا ہے-
- یوکے اقوام متحدہ کا ممبر ہے - یہ ایک بین الاقوامی تنظیم ہے اور اب تک اس کے 190 ممالک ممبر ہیں –
- اقوام متحدہ کی سیکورٹی کونسل کے 15 ممالک ممبر ہیں - یو کے اس کے پاچ مستقل ممبران میں سے ایک ہے –

- In the UK, two-thirds of people own their home. Most other people live in rented houses, flats or rooms.

- Everyone is entitled to apply for a council accommodation

- Housing benefit sometimes includes water rates

- The cost of water usually depends on the size of the property.

- All properties in the UK have electricity supplied at 240 volts.

- Energywatch helps you to find out which company supplies your electricity.

- Energywatch can also give you advice on changing your supplier of electricity or gas.

- Ofcom provides advice about prices or about changing company providing your telephone landline.

- If only one person lives in a property, he gets a 25% reduction on his Council Tax (this does not apply in Northern Ireland).

- Insurance is compulsory if you have a car or motorcycle.

- The UK has a system of social security, which pays welfare benefits to those who do not have enough money to live on.

- Healthcare in the UK is organised under National Health Service or NHS.

- یوکے میں دو تہائی لوگوں کا اپنا گھر ہے - باقی زیادہ تر لوگ کرائے کے گھر، فلیٹ یا کمروں میں رہتے ہیں–
- کونسل کے مکان کیلیئے ہر کوئی درخواست دے سکتا ہے –
- کبھی کبھی ہاؤسنگ بینیفٹ میں واٹر ریٹ بھی شامل ہوتا ہے –
- پانی کا بل عام طور پر گھر کے سائز پر منحصر ہوتا ہے–
- یو کے میں 240 وولٹ کی بجلی مہیا کی جاتی ہے –
- انرجی واچ یہ جاننے میں آپ کی مدد کرتا ہے کہ کونسی کمپنی آپ کو بجلی مہیا کرتی ہے –
- انرجی واچ آپ کو مشورہ بھی دے سکتی ہے اگر آپ اپنی گیس یا بجلی کی کمپنی بدلنا چاہتے ہیں –
- آفکام قیمتوں پر مشورے کی علاوہ آپ کو لینڈ لائن ٹیلیفون کمپنی بدلنے کے بارے میں بھی مشورے دیتی ہے –
- اگر گھر میں ایک ہی شخص رہتا ہے تو اسے کونسل ٹیکس میں 25 فیصد چھوٹ مل سکتی ہے - یہ نادرن آئر لینڈ میں لاگو نہیں –
- اگر آپ کے پاس کار یا موٹر سایئکل ہے تو ان کی انشورنس کرانا لازمی ہے-
- یوکے میں سوشل سکیورٹی کا سسٹم ہے جو ان لوگوں کی مدد کرتا ہے جن کے پاس رہنے کے لئے پیسے نہیں ہوتے –
- یوکے میں نیشنل ہیلتھ سروس یا این اچ ایس صحت کے شعبے کا ذمہ دار ہے –

- The NHS began in 1948 and is one of the largest organisations in Europe. It provides all residents with free healthcare and treatment

- You must register your baby with the Registrar of Births, Marriages and Deaths within six weeks of the birth.

- Education in the UK is free and compulsory for all children between the ages of 5 and 16 (4 and 16 in Northern Ireland).

- Schools must open 190 days a year.

- To drink alcohol in a pub you must be 18 or over.

- Pubs are usually open during the day and until 11 pm.

- People under 18 are not allowed into betting shops or gambling clubs.

- People under 16 are not allowed to buy a lottery ticket or scratch card.

- You must be at least 17 to drive a car or motorcycle, 18 to drive a medium-sized lorry, and 21 to drive a large lorry or bus.

- It is a criminal offence to have a car without proper motor insurance.

- It is illegal to drive while holding a mobile phone.

- If you do not pay the road tax, your vehicle may be clamped or towed away.

- این اچ ایس 1948 میں شروع ہوا اور یہ یورپ کا ایک بڑاادارہ ہے - یہ تمام لوگوں کو علاج اور صحت عامہ کی ضروریات مفت فراہم کرتا ہے-
- آپ کو اپنے بچے کی برتھ رجسٹریشن، میرج اور ڈیتھ رجسٹرار کے پاس چھے ہفتوں کے اندر کرانا لازمی ہے –
- یوکے میں تعلیم مفت اور لازمی ہے ان کیلیئے جو 5 سے 16 سال کے ہوں (نادرن آئر لینڈ میں 4 سے 16 سال)-
- سکولوں کیلیئے ضروری ہے کہ ایک سال میں 190 دن کھلے رہیں-
- پب میں شراب پینے کی کم از کم عمر 18 سال ہے –
- عام طور پر پب رات 11 بجے تک کھلے رہتے ہیں –
- 18 سال سے کم عمر کے لوگ شرط لگانے یا جوا کھیلنے کی جگہوں پر نہیں جا سکتے –
- 16 سال سے کم عمر کے لوگ لاٹری کا ٹکٹ یا سکریچ کارڈ نہیں خرید سکتے –
- گاڑی یا موٹر سائیکل چلانے کے لئے کم از کم عمر 17 سال ہے - درمیانے سائز کی لاری چلانے کی لئےکم از کم عمر 18 سال اور بڑی لاری یا بس چلانے کی لئے 21 سال ہے –
- بغیر انشورنس کے گاڑی رکھنا قانوناً جرم ہے –
- یہ غیر قانونی ہے کہ موبائل فون پکڑ کر گاڑی چلائیں-
- اگر آپ نے روڈ ٹیکس نہیں دیا تو آپ کی گاڑی ضبط کی جا سکتی ہے–

- It is an offence not to have an MOT certificate.

- For cars and motorcycles the speed limits are:

    - 30 miles per hour (mph) in built-up areas, unless a sign shows a different limit

    - 60 mph on single carriageways

    - 70 mph on motorways and dual carriageways

- Not everyone in the UK is allowed to work and some people need work permits, so it is important to check your status before taking up work.

- It is against the law for employers to discriminate against someone at work.

- The compulsory school leaving age is 16 years.

- Most employees 16 or over are entitled to 4 weeks paid holiday every year.

- Money raised from income tax pays for government services such as roads, education, police and the armed forces

- Just before sixteenth birthday, all young people in the UK are sent a National Insurance number.

- You need a National Insurance number when you start to work.

- گاڑی کا MOT سرٹیفکیٹ نہ ہونا قانوناً جرم ہے –
- گاڑیاں اور موٹر سائیکل کے لئے حد رفتار مندرجہ ذیل ہیں :
  - 30 میل فی گھنٹہ رہائشی علاقوں میں ، تاوقتیکہ کسی اور حد رفتار کا سائن موجود ہو-
  - 60 میل فی گھنٹہ سنگل لین والی کیرج وے پر-
  - 70 میل فی گھنٹہ موٹر وے اور ڈبل لین والی کیرج وے پر-
- یوکے میں ہر کوئی کام نہیں کر سکتا اور کچھ لوگوں کو کم کرنے کیلیئے ورک پرمٹ درکار ہوتا اس لئے یہ ضروری ہے کہ کام شروع کرنے سے پہلے اپنا ویزا سٹیٹس دیکھ لیں-
- یہ بات قانون کے خلاف ہے کہ مالکان کام پر کسی سے امتیازی سلوک کریں-
- سکول چھوڑنے کی لازمی عمر سولہ سال ہے –
- سولہ سال یا اس سے زیادہ عمر کے ملازمین کو ہر سال چار ہفتے کی تنخواہ سمیت چھٹی مل سکتی ہے-
- انکم ٹیکس سے جو رقم حاصل ہوتی ہے وہ سڑکیں ، تعلیم ، پولیس اور افواج پر خرچ ہوتی ہے –
- یوکے میں سولہویں سالگرہ سے پہلے ہر نوجوان کو نیشنل انشورنس نمبر بھیج دیا جاتا ہے –
- آپ کو کام شروع کرنے کیلیئے نیشنل انشورنس نمبر چاہیے ہوتا ہے –

- For men, the State Pension age is currently 65 years; for women it is 60 years but the State Pension age for women will increase to 65 in stages between 2010 and 2020.

- Most people who become unemployed can claim Jobseeker's Allowance (JSA). This is currently available for men aged 18 - 65 and women aged 18 - 60 who are capable of working, available for work and trying to find work.

- British citizens can work in any country that is a member of the European Economic Area (EEA).

- Women are also entitled to at least 26 weeks' maternity leave, whether in full-time or part-time work. This does not depend on the length of the service.

- Fathers who have worked with current employer for at least 26 weeks are entitled to paternity leave, which provides two weeks paid leave, when the child is born.

- Legally, the earliest age for children to do paid work is 14 years.

- Every child must have at least two consecutive weeks a year during the school holidays when they do not work.

- مردوں کے لئے اس وقت پینشن کی عمر 65 سال ہے - خواتین کیلیئے 60 سال ہے لیکن خواتین کی پینشن کی عمر 2010 اور 2020 کے درمیان مرحلہ وار بڑھتے بڑھتے 65 سال ہو جائے گی –

- زیادہ تر لوگ جو بیروزگار ہو جاتے ہیں وہ جاب سیکرز الاؤنس کا مطالبہ کر سکتے ہیں - فی الحال یہ 18 سے 65 برس تک کے مردوں اور 18 سے 60 سال تک کی خواتین کو مل سکتا ہے جو کام کر سکتے ہوں ، کام کیلیئے دستیاب ہوں اور کام ڈھونڈنے کی کوشش کر رہے ہوں –

- برطانیہ کے شہری ایسے کسی بھی ملک میں کام کر سکتے ہیں جو یوروپین ایکونومک ایریا (EEA) کا ممبر ہو –

- خواتین 26 ہفتوں کی زچگی کے چھٹی لے سکتی ہیں ، چاہے وہ فل ٹائم یا پارٹ ٹائم کام کرتی ہوں - یہ کام کرنے کی مدت پر منحصر نہیں ہے-

- وہ والد جنھیں ایک ہی جگہ پر کام کرتے ہوئے کم از کم 26 ہفتے ہو چکے ہوں، بچے کے پیدا ہونے کے بعد 2 ہفتے کی پیٹرنٹی لیو لے سکتے ہیں-

- قانونی طور پر بچے 14 سال کی عمر سے کام کر سکتے ہیں –

- ہر بچے کے لئے یہ ضروری ہے کہ سال میں سکول کی چھٹیوں میں کم از کم متواتر دو ہفتے ایسے ہوں جب وہ کام نہ کریں –